Ein Buch, für ein inspirierendes Miteinander von Alt & Jung. Herausgegeben von der Arbeitsgemeinschaft der Alten- und Pflegeheime Niederösterreichs.

LebensReich

Inspirierende Momente zwischen Jung & Alt

70 Ideen für ein
Miteinander der Generationen
aus den Alten- und Pflegeheimen
Niederösterreichs in Wort und Bild.

Impressum

© Arbeitsgemeinschaft der Pensionisten- und Pflegeheime Niederösterreichs
3484 Grafenwörth, Hofgarten 1, Tel: +43 (0)2738/77066-403, office@noeheime.at, www.noeheime.at
Alle Rechte vorbehalten. Nachdruck, auch auszugsweise, sowie Verbreitung durch Bild, Funk, Fernsehen, Internet, durch fotomechanische Wiedergabe, Tonträger und Datenverarbeitungssysteme jeder Art nur mitschriftlicher Genehmigung des Herausgebers.

Für den Inhalt verantwortlich:
Obmann Anton Kellner

Konzept, Lektorat, Layout & Satz:
Gabriele Tupy, 1210 Wien, www.imzusammenspiel.com

Redaktion:
Gregor Herzog, Charlotte Kuehlmayer-Trittner, Natalie Seidl, Birgit Edhofer, Ludwig Schweng, Anita Koller, Gabriele Tupy

Rohtexte zur Verfügung gestellt von den Alten- und Pflegeheimen Niederösterreichs.

Bildredaktion:
Gabriele Tupy

Bildnachweis:
Colourbox: 1, 34, 35, 36, 37, 53, 54, 62, 63, 75, 84, 93, 97, 101, 103, 104, 106, 110, 111, 118, 119, 121, 125, 133, 136, 137, 138, 142, 144, 160, 164, 166, 168, 169, 176, 177, 179, 203, 207, 213, 215, 216, 217, 221, 232; Dorf und Stadterneuerung: 139, 146, 147; Mag.ª Tatjana Tupy: 42, 43, 44, 45; Eva Soupal und Maria Hoffmann: 80, 81; Mayer Bäcker - Handwerksbackstube, 4910 Ried: 215; Mag.ª Doris Zeillinger: 80, Coverrückseite; Titelbild: SeneCura Sozialzentrum Grafenwörth. Alle weiteren Fotos zur Verfügung gestellt von den Alten- und Pflegeheimen Niederösterreichs.

Druck:
Creativ art service GRAFIK & DRUCK GesmbH., 3500 Krems an der Donau, www.grafik-druck.at

ISBN: 978-3-200-02823-4

1. Auflage 2012

Inhalt

	Vorwort, Prof. Dr. Gerald Hüther	6
	Verbindungen, Anton Kellner, MBA	8
	Berührungspunkte, Mag. (FH) Gregor Herzog	10
1	Es war einmal	14
2	Gemeinsam miteinander auskommen	20
3	Fest der Generationen	28
4	Schule – einst, jetzt und morgen?	30
5	Der Waldkindergarten und das Pflegeheim	34
6	Ein Generationenbaum wächst	38
7	Begegnungen: Ein Buchprojekt	42
8	Alte Kinderreime gemeinsam neu entdecken	46
9	Jugendzentrum A-toll: Jung trifft Alt	50
10	Ein Hochbeet verbindet Generationen	52
11	Ein kulinarisches Festessen mit Erinnerungen ...	54
12	Du und Ich - sind Wir zusammen	56
13	Sauerkraut und Apfelstrudel	64
14	Eine Reise in die Vergangeneheit	68
15	Geschichtsunterricht mit ZeitzeugInnen	70
16	Spiel und Spaß in der freien Natur	72
17	Eine Wellness Oase im Pflegeheim	74
18	Träume sind doch keine Schäume	76
19	Frisch gekocht, mit jungen Händen	78
20	Zu Besuch in der Welt der Kinder	82
21	Süsse Weihnachtskekse und ein Weihnachtsgeschenk	84

22	Schule einst und heute	86
23	Sommerfest im Kindergarten	90
24	Mit 66 Jahren ...	92
25	Im Pflegeheim ist es urcool	94
26	Gemeinsam fröhlich sein bei Sport, Spiel und Kreativität	97
27	„Lass dir Zeit!"	98
28	Einst und Heute	101
29	Unser Garten - Comeback der Kräuterhexen	102
30	Bereichernde Begegnungen	106
31	Erfahrungen eines Zivildieners im Pflegeheim	108
32	Demenz – ein weites Land	110
33	Alt und Jung im Dialog	112
34	Eine Brücke zwischen Jung & Alt	114
35	Gemeinsam Jung	116
36	Ein Marktstand für kleine und große Wünsche	120
37	Leonardo da Vinci's Mona Lisa	122
38	Woher die Butter kommt	124
39	Freude durch Begegnung	126
40	Die Feuerwehr zu Gast im Pflegeheim	132
41	Märchenstunde im Pflegeheim	134
42	Landwirtschaft einst und heute	136
43	Vom gemeinsamen Töpfern	140
44	Jung und alt gemeinsam beim Backen	142
45	Waschtag im Augustinerheim	144
46	JA! Jung und Alt miteinander	146
47	Glücksmomente	148
48	Wie schön, dass du geboren bist ...	150
49	Vom Leben einst und jetzt	152
50	Miteinander religiöses Brauchtum pflegen	158

51	Brücken bauen - Generationen verbinden	160
52	Zeit als Kostbarkeit	162
53	Wir bringen Kräuter in den Garten	164
54	Die HoffmannPark Hausolympiade	170
55	Miteinander krea(k)tiv	174
56	Der Wolf und das Schaf	176
57	Frischer Wiind durch eine Spielkonsole	180
58	Tradition schafft Begegnung	184
59	Zu einer anderen Zeit an einem anderen Ort	188
60	Jung und Alt vereint	190
61	Jung hält jung – gemeinsam bleiben wir in Schwung	192
62	Fliegen, wie ein Schmetterling	194
63	Eine Zeitreise	198
64	Ein Schatz von Jung für Alt	204
65	Von 0-100 ist jeder willkommen	210
66	Durchs Redn kumman d'Leit zaum	214
67	Brauchtum rund um Ostern	216
68	Mundart–Dialog	218
69	Musik verbindet Generationen	222
70	Raum für dich und deine eigene, inspirierende Geschichte	226
	Wenn ich einst alt bin	228

VORWORT

Prof. Dr. Gerald Hüther zählt zu den bekanntesten Hirnforschern Deutschlands. Er ist Professor für Neurobiologe und leitet die Zentralstelle für Neurobiologische Präventionsforschung der Psychiatrischen Klinik der Universität Göttingen und des Instituts für Public Health der Universität Mannheim/Heidelberg. Wissenschaftlich befasst er sich u. a. mit den Wirkungsmechanismen von Psychopharmaka, mit dem Einfluss früher Erfahrungen auf die Hirnentwicklung, mit den Auswirkungen von Angst und Stress und der Bedeutung emotionaler Reaktionen bei Lernprozessen und der neurobiologischen Verankerung von Erfahrungen. Er ist Autor zahlreicher wissenschaftlicher Publikationen und populärwissenschaftlicher Darstellungen.

Vor einigen Jahren hatten sich in einem afrikanischen Nationalpark die Elefanten so stark vermehrt, dass die dortigen Verantwortlichen sich nicht mehr anders zu helfen wussten als einige der Elefanten zu erschießen. Sie hielten es für besonders schlau, hierfür die ältesten Mitglieder der Herde auszuwählen und die wurden dann auch erlegt. Was sie damit angerichtet hatten wurde in den nächsten Jahren erst deutlich. Junge Elefantenbullen gerieten außer Rand und Band, brachen in Dörfer ein und zertrampelten die Felder. Die Verantwortlichen hatten nicht bedacht, dass es immer die ältesten Elefantenkühe sind, die aufgrund ihrer Erfahrungen als Leittiere für den Zusammenhalt ihrer Herden sorgen und den jüngeren, noch unerfahrenen Mitgliedern Orientierung bieten. Ohne sie zerfällt die soziale Organisation der Herde.

Was hat dieses Beispiel mit uns zu tun? Und weshalb finde ich es so wichtig, dass ich es an den Anfang dieses Vorwortes stelle?
Ganz einfach: es macht deutlich, dass wir in den letzten hundert Jahren zwar so viel Wissen angehäuft haben, dass wir sogar in der Lage waren, auf den Mond zu fliegen, aber worauf es im Zusammenleben einer Gemeinschaft wirklich ankommt, das haben wir bis heute nicht verstanden. Das wussten möglicherweise unsere Urgroßeltern noch besser als wir heutzutage.
All diese großartigen wissenschaftlichen und technischen Errungenschaften, auf die wir so stolz sind und die uns das Leben so angenehm und bequem machen, verdanken wir dem Umstand, dass wir unser Zusammenleben so organisiert haben, dass es ganz wesentlich vom Wettbewerb bestimmt wird und dieser Wettbewerb die Mitglieder unserer Gemeinschaften zu Höchstleistungen antreibt. Wir leben in einer konkurrenzgetriebenen Leistungsgesellschaft. Was zählt und was das Ansehen eines Menschen in dieser Wettbewerbskultur bestimmt, ist die Leistung, die er vollbringt, und zwar dort, wo man diese Leistungen besonders gut messen kann: im Beruf und, als Vorbereitung auf den Beruf, in der Schule. Leistest du dort nichts, bis du nichts, und dann bekommst du auch nichts. Kein Geld, keine Karriere, noch nicht einmal Anerkennung, geschweige denn Wertschätzung.

In einer solchen Gemeinschaft gibt es eine Gruppe von Menschen, die diesen Leistungskriterien zwangsläufig nicht gerecht werden und die deshalb – wie die alten Elefantenkühe – als nutzlos betrachtet werden: die Alten.
Und es gibt noch eine zweite Gruppe, die ebenfalls nicht zur Steigerung des Bruttosozialproduktes beiträgt, die auch nichts leistet und wie

die Alten mit ihren besonderen Bedürfnissen die Leistungsfähigkeit der Erwerbstätigen behindert: die Jungen.

Eine menschliche Gemeinschaft – und da das auch für Tiere gilt, darf man sogar sagen: jede Gemeinschaft, die ihre Alten und ihre Jungen nicht als vollwertige Mitglieder behandelt und ihnen eine eigene Bedeutsamkeit verleiht, wird über kurz oder lang ihre Stabilität verlieren und zerfallen. So einfach ist das, und wir haben es auf diesem Weg schon ziemlich weit gebracht. Deshalb wird es höchste Zeit, sich noch einmal genauer anzuschauen, weshalb eine Gemeinschaft auf genau das nicht verzichten kann, was ihre älteren und jüngeren Mitglieder in diese Gemeinschaft einbringen. In unserer gegenwärtigen Situation hieße das allerdings bereits: Was die Alten und die Jungen in unsere Gesellschaft einbringen könnten, wenn wir das, was sie einzubringen imstande sind, auch wertzuschätzen wüssten? Die Antwort ist eigentlich ganz einfach, aber mit unseren gegenwärtigen Leistungsmaßstäben eben nicht messbar: Die Alten sind die wichtigsten Erfahrungsträger einer Gemeinschaft. Da jede menschliche Gemeinschaft ihre jeweiligen kulturellen Errungenschaften immer wieder neu an ihre jeweils nachfolgende Generation weitergeben muss, verliert jede Gemeinschaft zwangsläufig den wichtigsten Schatz an gemeinsam gesammelten Erfahrungen, wenn sie Bedingungen schafft, innerhalb derer diese transgenerationale Weitergabe von Erfahrungen nicht mehr gelingen kann. Das ist immer dann der Fall, wenn die Alten mit ihren Erfahrungen abgewertet, von den Jungen getrennt und an den Rand der Gemeinschaft gedrängt werden.
Und das, was die jeweils nachwachsende Generation in jede Gemeinschaft hineinträgt und was sie für die Weiterentwicklung dieser Gemeinschaft so unentbehrlich macht, ist deren Offenheit, deren ungebremste Entdeckerfreude und Gestaltungslust, auch deren kritische Hinterfragung einmal entstandener Strukturen, Regeln und stillschweigender Übereinkünfte. Die Jungen sind die von selbst nachwachsenden Musterbrecher einer jeden etablierten Gemeinschaft. Wie Dosenöffner zwingen sie jede Gemeinschaft immer wieder aus der Besitzstandwahrung in die weitere Entfaltung ihrer Potenziale. Aber allein und ausgegrenzt und voneinander abgegrenzt können weder die Alten noch die Jungen ihre besonderen Fähigkeiten und Talente in eine Gemeinschaft einbringen.
Eine Gemeinschaft, in der das der Fall ist, „kocht" dann nur noch „im eigenen Saft". Sie verliert ihre Geschichte und damit ihre Identität. Sie verliert ihre gemeinsam über Generationen hinweg gesammelten Erfahrungen und damit ihre Stabilität. Und sie verliert ihr eigenes dynamisches, von den Jungen eingebrachtes Entwicklungspotenzial. Sie erstarrt in ihren eigenen, selbstgeschaffenen Vorstellungswelten und den daraus entstandenen Strukturen.

Deshalb ist es gut, wenn jetzt immer häufiger nach neuen Formen und Möglichkeiten gesucht wird, um die Alten wieder mit den Jungen zusammenzubringen. Und es ist gut, dass die dabei gesammelten, für beide Seiten beglückenden und bereichernden Erfahrungen bekannt gemacht und in die Welt der sogenannten Leistungsträger hinausgetragen werden. Deshalb bin ich froh, dass es solche Bücher (wieder) gibt.

Gerald Hüther
Göttingen, im Herbst 2012

Prof. Dr. Gerald Hüther ist der Überzeugung, dass das Gehirn sich am besten entwickelt, wenn man mit Begeisterung tätig wird. Er nimmt den Faktor „Emotion" mit ins wissenschaftliche Untersuchungsfeld. Wer etwas mit Begeisterung tut, verhindert damit auch Stress und regt das Wachstum der Synapsen im Gehirn an. Das Gehirn sei wandlungsfähig und dynamisch bis ins hohe Alter. „Wer mit Begeisterung Chinesisch lernt, weil er sich im Alter von 70 Jahren in eine Chinesin verliebt hat, wird diese Sprache leicht erlernen." Und wer sich selbst Stress bereitet, der blockiert damit sein eigenes Begeisterungspotenzial. „Begeisterung ist Dünger fürs Gehirn" (Zitat Gerald Hüther)

VERBINDUNGEN

Im letzten Jahrhundert haben wir in unserer Gesellschaft die Aufenthaltsräume unterschiedlicher Menschen- und Altersgruppen getrennt. Eine integrierte Gesellschaft aller Generationen, Kulturen und Interessen kann sich jedoch nur entwickeln, wo es zu zwischenmenschlichen Begegnungen kommt. So entstehen Verständnis und Vertrauen zwischen den Generationen. Sie sind die Voraussetzung für Solidarität.

Wir erleben heute eine Gegenwart von Spezialisten, die unsere Welt in ihren verschiedenen Dimensionen so gut es geht am Funktionieren und Leben halten. Jede und jeder konzentriert sich auf das, was sie/er besonders gut kann. Das Ziel ist, „Vorsprung sichern durch ausgeprägtes Spezialistentum" – auf den Weltmärkten ebenso, wie im beruflichen Umfeld des Einzelnen. Eine Qualifizierung auf einem speziellen Gebiet erhöht die Glaubwürdigkeit und wirkt vertrauensbildend. Und wir erhoffen mit dem Einsatz von SpezialistInnen bei der Lösung von Problemen Zeit und Kosten zu sparen. Das Spezialistentum hat heute alle Bereiche eingeholt, unsere Ausbildung ebenso wie den Gesundheits- und Sozialbereich, die Unternehmen und unser privates Leben. Dies spiegelt sich auch in getrennten Aufenthaltsräumen wider und prägt den Menschen.

Kleinkinder bringen wir heute in Kinderkrippen und später in Kindergärten unter. Schulkinder, gestaffelt nach Alter und unterschiedlichen Begabungen, in spezialisierten Schulen. Die Erwachsenen haben sich in diversen Ausbildungen und Jobs entsprechend ihrer Karriereplanung zu SpezialistInnen in ihren Berufsfeldern entwickelt. Viele alte Menschen leben mit zunehmender Pflegebedürftigkeit in Alten- und Pflegeheimen. Inzwischen werden in Europa ganze Dörfer für SeniorInnen errichtet und als innovative Projekte mit Modellcharakter der Öffentlichkeit präsentiert. In den Niederlanden, Deutschland und der Schweiz entstehen derzeit viel gepriesene Demenzdörfer. Oder sind es doch Ghettos für eine besondere Menschengruppe?

Einen Staat, eine Gemeinde, eine Organisation wie auch eine Familie in der Gesamtheit zu verstehen ist Grundvoraussetzung, um gemeinsam in eine gute Zukunft steuern zu können. In unserer spezialisierten Gesellschaft sind jedoch die natürlichen zwischenmenschlichen Begegnungsräume und damit auch das Zusammendenken unterschiedlicher (Alters-)Gruppen abhandengekommen. Eine integrierte Gesellschaft aller Generationen, Kulturen und Interessen kann sich nur entwickeln, wenn es zu zwischenmenschlichen Begegnungen kommt.

Alt und Jung haben heute immer weniger Kontakte miteinander, sie leben weitgehend in ihrer eigenen, abgetrennten Welt. Selbst Kinder und Enkelkinder wohnen oftmals in großen Entfernungen, die natürliche Begegnung der Generationen im Alltag, wie sie noch vor 100 Jahren üblich war, gibt es kaum mehr. Es braucht neue Impulse und Spielräume der Begegnung, neue Erfahrungsräume und Strukturen in denen sie einander wieder begegnen und wertschätzen lernen können. Denn nur in der zwischenmenschlichen Begegnung können Nähe und Herzlichkeit, Herzensbildung, Wertschätzung und Toleranz entstehen und Vorurteile abgebaut werden. Hier wachsen Vertrauen, Respekt und Verständnis für die Bedürfnisse der jeweils anderen. Im Buch „Prinzip Menschlichkeit - Warum wir von Natur aus kooperieren" legt Joachim Bauer seine aus der neurologischen Forschung und klinischen und psychotherapeutischen Praxis hervorgegangene These dar, dass die zentralen Bestrebungen des Menschen primär auf zwischenmenschliche und gelingende soziale Beziehungen ausgerichtet sind. Es gilt neue Strukturen in unserer Gesellschaft zu schaffen, wo dieser Samen aufgehen und gedeihen kann.

Mehr denn je brauchen wir heute ein „ganzheitliches Zusammendenken". Um einander nicht zu verlieren und nicht immer weiter auseinanderzudriften. Um einander verstehen zu lernen und wieder zusammenzuwachsen. Um miteinander eine gemeinsame Richtung einschlagen zu können, zur Sicherung einer guten Zukunft. Um unverbundenes Wissen aus verschiedenen Bereichen und unterschiedlichen Erlebniswelten zusammenfügen zu können und neue Erkenntnisse für ein gemeinsames Ganzes zu gewinnen. So entstehen auch Verständnis und Vertrauen zwischen den Generationen. Sie sind Voraussetzung für Solidarität. Um ganzheitlich denken zu können, bedarf es vor allem der Neugierde für das Andere, Unbekannte, Fremde und der Abstraktionsfähigkeit. Wer nicht ausschließlich in eine Richtung denkt, sondern vielfältige Informationen und Erfahrungen in seine Überlegungen miteinbezieht, dem erschließen sich fast immer bessere weil komplexere und weitblickendere Perspektiven und Ideen als dem, der gedanklich fixiert ist. Im Zusammendenken liegt die wirkliche Chance unseres Begreifens und Reifens. Als einzelner Mensch wie als ganze Gesellschaft.

Wie können jüngere und ältere Menschen einander begegnen, voneinander lernen, einander begreifen? Diese Frage stellt auch die Europäische Kommission in den Mittelpunkt und proklamierte 2012 als das „Europäisches Jahr des aktiven Alterns und der Solidarität zwischen den Generationen". Die Arbeitsgemeinschaft der Alten- und Pflegeheime Niederösterreichs hat dies zum Anlass genommen, die zahlreichen intergenerationellen Projekte in den Heimen vor den Vorhang zu holen. Denn in den letzten zehn bis fünfzehn Jahren ist in den Heimen ein neuer Ort der Begegnung zwischen Jung und Alt gewachsen. Kaum ein Pflegeheim in Niederösterreich, das heute keine Kooperation mit Kindergärten und Schulen pflegt. Das vorliegende Buch zeigt einen kleinen, vielfältigen Ausschnitt. Es lässt die LeserInnen eintreten in eine Welt eines neuen Miteinanders zwischen Jung und Alt, in eine Welt der zwischenmenschlichen Begegnung und des Lernens voneinander. Die Interaktion zwischen Jung und Alt bietet viele Möglichkeiten für sinnvolle Aktivitäten. Die wichtigsten Ziele dieser Initiativen und Aktivitäten zwischen den Generationen sind einander zu unterstützen, einen Dialog über verbindende Sichtweisen und gegenseitige Streitpunkte zu beginnen und Dinge von Gesamtinteresse zu verwirklichen. Die Kontaktformen können dabei wechseln: einander treffen, besser kennen lernen und durch Hilfe, Unterstützung, Spiel, Aktionen und Debatten beeinflussen.

Mit 69 inspirierenden Beispielen will dieses Buch ein motivierender Ideengeber sein und Sie für Ihr ganz persönliches 70. Projekt gewinnen. Wir verstehen das Buch als Aufbruch in eine neue Zeit des „ganzheitlichen Zusammendenkens", des Neudenkens der Solidarität zwischen den Generationen, vielleicht mit völlig neuen Erkenntnissen und Strukturen für andere gesellschaftliche Rahmenbedingungen. Lesen und schmökern Sie, lassen Sie sich inspirieren.

Anton Kellner
Obmann ARGE NÖ Heime

Welche Form der Solidarität ist heute von unserer Gesellschaft gewollt und wie kann man sie bewahren und / oder neu schaffen?
Solidarität ist keine Selbstverständlichkeit, sondern eine Aufgabe. Solidarität kann nur in Geben und Nehmen bestehen. Zwischen Jung und Alt ebenso wie zwischen Arm und Reich.

BERÜHRUNGSPUNKTE

Der Wandel in der Sozialisation

Großvater
Musik&Text: Gert Steinbäcker
Verlag: Edition Scheibmaier Gmbh, Wien

Großvater, kannst du net owa-
kommen auf an schnell'n Kaffee
Großvater, i möcht dir so viel sag'n,
was i erst jetzt versteh'
Großvater, du warst mein erster
Freund und das vergess i nie
Großvater

Gesellschaftliche Begegnungsräume für „Jung und Alt" werden unter dem gegenwärtigen Zeitgeist rar. Ursprünglich setzte unsere Gesellschaft in diesem Punkt stark auf die familiäre Sozialisation in der sich Kinder und alte Menschen im familiären Rahmen unter „normalen" Bedingungen kennen und miteinander auskommen lernten. Die „Omi" sorgte oft für die Erziehung der Enkelkinder, während die mittlere Generation der Berufstätigkeit nach ging. Dabei entstanden Situationen, in denen man gegenseitig voneinander lernte, bzw. sich eine wertschätzende Haltung zur anderen Generation erwarb, die langfristig anhielt.

Die Liedstelle *„Großvater, kannst du net owakommen auf an schnell'n Kaffee?"* der Musikgruppe STS, aber auch die liebevollen Erinnerungen über das erste vom Großvater geschnitzte „Haselnusspfeiferl", sind anschauliche Belege für diesen Prozess.

Das seit der Wirtschaftswunderzeit gepflegte Idealbild der „Hausfrau und Mutter" die sich ausschließlich den Zielen der Kindererziehung und Haushaltsführung verschreibt, ist eigentlich ein historisch kurz aufflackerndes Phänomen der 6oiger bis 7oiger Jahre des letzten Jahrhunderts. Davor waren die Mütter aus existenziellen Gründen genauso wie die Väter gezwungen, einem „Broterwerb" nach zu gehen. Danach kommt zusehends der Aspekt der „Selbstverwirklichung" dazu, was ja grundsätzlich ein positiver Trend ist. Leider springt die Großelterngeneration aber nicht mehr so vorbehaltlos in die pädagogische Rolle ihrer Vorgänger, was mehrere Gründe hat.

1. Ist die Großelterngeneration in ihrer aktiven Phase selbst mit der Verwirklichung eigener Lebensziele beschäftigt und widmet sich ausgiebig den Urlaubs- und Freizeitangeboten der propagierten „aktiven Alten".
2. Ist die Großelterngeneration selbst oft noch im unselbständigen Arbeitsprozess und kann sie allfälligen Erziehungsaufgaben bei den Enkelkindern aus Zeitgründen nicht widmen.
3. Lebt man zumeist nicht mehr in einem großfamiliären Rahmen (alle unter einem Dach), der gegenseitige Unterstützung leicht machen würde.

Unabhängig von diesen Prozessen müssen wir endlich erkennen, dass wir gegenwärtig und zukünftig vor der Herausforderung stehen, eine Generation erstmals in unser gesellschaftliches System zu integrieren, die es vorher signifikant nicht gegeben hat.

In den 7oiger Jahren sprach man bei einem Menschen, der mit 78 Jahren verstarb, in den Parte-Zetteln von einem „langen erfüllten Leben". Gegenwärtig würde man das erst ab 85 Jahren lesen können. Aber gerade bei dieser Gruppe hochaltriger Menschen kommen individuelle Voraussetzungen hinzu, die eine gesellschaftliche Integrationsfähigkeit erschweren, denn mit der steigenden Lebenserwartung wächst auch die Anzahl von Jahren, die man mit körperlichen und geistigen Einschränkungen und damit verbundener Pflegebedürftigkeit verbringt.

Die individualistische Gesellschaft

Der gegenwärtige Trend zur zunehmenden Individualisierung in der Gesellschaft ist ungebremst und wird uns in Zukunft immer stärker beschäftigen. Der grundsätzlich positive Aspekt einer hohen Wertigkeit der Individualität des einzelnen Menschen und sein grundsätzliches Recht auf Selbstverwirklichung ist dann problematisch, wenn er durch diverse Interessen einseitig ausgelegt wird und gesellschaftliche Prozesse dadurch behindert werden. Die Schere, die sich derzeit zwischen Individualinteressen und Gemeinschaftsinteressen auftut, begründet sich auch aus einer langjährigen Fehlentwicklung in der Funktionalität eines Sozialstaates, wie Österreich. Die Begründungen ergeben sich in einer näheren Betrachtung:

1. Der Sozialstaat

Um den Zugang zu einer sozialen und gesundheitlichen Versorgung möglichst jedem Menschen zu ermöglichen, hat sich der Staat Jahrzehnte lang darauf konzentriert die notwendigen Leistungen aus Abgaben auf Arbeit und Konsum zu finanzieren. Ein umfassendes soziales Netzwerk wurde installiert, das den Eindruck erweckte, die individuelle Verantwortung an einer funktionierenden Gesellschaft sei mit der Entrichtung von Abgaben (Lohnsteuer, Krankenversicherung, Pensionsversicherung, MwSt., Vermögenssteuer ….usw.) erfüllt. Die aktive Teilnahme an Gesellschaftsprozessen wurde somit aber automatisch sehr stark an die Faktoren „Arbeitsleistung" und „Vermögen" geknüpft. Das ging so lange gut, als viele in Arbeitsprozessen stehende Menschen mit einem hohen finanziellen Beitrag die staatliche Versorgung einer relativ kleinen Gruppe von Menschen mit sozialen Defiziten gewährleistete.

Die derzeitige Finanzierungskrise der westlichen Wohlfahrtsstaaten zeigt uns allerdings dramatisch die Grenzen des derzeitigen Systems. Denn die Gruppe, die nicht mehr aktiv im Arbeitsprozess steht, wird immer größer und gleichzeitig steigt auch die Anzahl der Menschen, die sich eine Versorgungsleistung des Staates erwarten. Ebenso ist aber die Bereitschaft des Einzelnen, durch die jahrzehntelange Dogmatik des Sozialstaates „zahle deine Beiträge, wir sorgen für dich!", sich auch nicht-monitär gesellschaftlich zu beteiligen, gesunken.

2. Die Konsumgesellschaft

Nach den „mageren" Jahren des zweiten Weltkrieges und der Nachkriegszeit haben sich die Menschen aus verständlichen Gründen auf die materiellen Segnungen des steigenden Wohlstandes und der freien Marktwirtschaft konzentriert. Eine dementsprechende individuelle Prägung nach dem Motto „hast du was, dann bist du was!" ist natürlich nicht ausgeblieben. Man konnte sich auch ausführlich diesem Thema widmen, denn das gemeinschaftliche Gewissen des Einzelnen wurde durch den „modernen Ablasshandel" der Dogmatik des Sozialstaates (siehe Punkt 1) beruhigt.

Erst nachdem die Konsumationsbedürfnisse grundsätzlich befriedigt wurden, entstand das individuelle Bedürfnis nach nicht materiellen Gütern. „Haben" war nicht mehr genug, das „Sein" wurde unter dem Schlagwort „Selbstverwirklichung" propagiert.

Nun, der Marktwirtschaft blieb dieses Bedürfnis nicht verborgen und es wurden vielseitige Angebote zur Selbstverwirklichung in der „Fun- und Freizeitgesellschaft" entwickelt, jedoch immer mit der Ausrichtung auf Individualität. Diese Intention

Bei jedem Wickel mit der Mutter war
mein erster Weg von daheim zu dir
Und du hast g'sagt, sie is allein,
das musst' versteh'n, all's vergeht,
komm, trink a Bier
Dann hast du g'meint, das ganze
Leb'n besteht aus Nehmen und
viel mehr Geb'n
Worauf i aus dein Kasten in der
Nacht die paar tausend Schilling
g'fladert hab
Zum Verputzen in der Diskothek,
a paar Tag drauf hast mi danach
g'fragt
I hab's bestritten, hysterisch plärrt
Dein Blick war traurig, dann hab i
g'reart
Du hast nur g'sagt, komm, lass' ma's
bleib'n
Geld kann gar nie so wichtig sein

ist auch leicht nachvollziehbar, hat doch das liberale Marktwirtschaftssystem ein höchstes Interesse auf höchstmögliche Individualität - denn es profitiert davon (einfaches Beispiel: für den Markt ist es interessanter, dass jeder Einzelne zuhause ein TV-Gerät besitzt, als ein Gemeinschaftsfernseher im Dorfwirtshaus).

3. Die aktiven Alten
Medien- u. werbepräsent ist gegenwärtig der aktive alte Mensch, der mit 75 Jahren noch den Mount Everest besteigt, diverse Yogakurse belegt und 8 Wochen im Jahr die Welt bereist. Bestenfalls kratzen ihn diverse kleine „Wehwehchen", die mit den Mitteln der modernen Pharmazie einfach in Griff zu bekommen sind. Dieser Generationsgruppe suggeriert man größtenteils erfolgreich, dass sie unsterblich und ewig gesund sein wird und ihre gesellschaftliche Verantwortung zur Pensionierung wie einen alten Mantel berechtigter Weise abgegeben hat. Der Staat, der spät aber doch erkannt hat, dass die Finanzierung der Pensionen gegenwärtig und zukünftig sehr problematisch sein wird, steuert nun entgegen – allerdings wiederum mit einer längeren Beibehaltung im Arbeitsprozess und damit der schon erwähnten finanziellen Abfertigung gesellschaftlicher Verantwortung. Die politische Kreativität ist hier äußerst bescheiden und erzeugt in den Umsetzungsschritten zusätzliches Spannungspotential zwischen Generationsgruppen, denn natürlich gelten die Systemveränderungen nur in Hinkunft.

Damit ist die gegenwärtige Gesellschaft mit einer großen Gruppe von Pensionisten konfrontiert, die relativ jung ohne wesentliche finanzielle Abschläge in die Pension geglitten ist und von einem Bevölkerungsteil finanziert wird, der diese Privilegien sicher nicht mehr genießen wird können.

4. Isolation von Generationsgruppen
Ein gesellschaftliches Spannungspotential ist dann gegeben, wenn es zum Einen systemische Ungerechtigkeiten zwischen Generationen gibt und zum Anderen der individuelle Austausch mit persönlichen Bindungen intergenerationell nicht mehr funktioniert. Beide Phänomene können wir gegenwärtig in unserer staatlichen Struktur anhand folgender Beispiele beobachten:

Die individualistisch geprägte Jugend entwickelt eine eigene Kultur, die Berührungspunkte mit anderen Generationen tunlichst vermeidet und pragmatisch erzogen (von einer Marktwirtschaftsgesellschaft) nur Intentionen setzt, wenn sie einen unmittelbaren individuellen Nutzen erkennt. Kult(ur)-Objekte sind dabei Konsumfreiheit, öffentlich ausgelebter Individualismus (Personenkult) und ein Höchstmaß von Unverbindlichkeit. Das sind eine Menge von Attributen die gerade anderen Generationsgruppen „sauer" aufstoßen, obwohl sie an der Entstehung dieser Attribute maßgeblich beteiligt waren.

Die Leistungsgeneration widmet sich akribisch dem Erwerb von Wohlstandsgütern und der namensgebenden „Leistungserbringung". Leistungserfolg wird mit beruflicher Karriere gleichgesetzt. Dementsprechend bleibt wenig Zeit um sich einerseits der Sozialisation der heranwachsenden Generation zu widmen und andererseits die Integration der hochaltrigen Generation in der Gesellschaft aktiv zu betreiben. Selbstverständlich entgehen dieser Generation nicht die gesellschaftlichen Defizite, die durch diese Prioritätensetzungen entstehen. Die Folge ist unausweichlich ein hoher Druck auf die mit den gesellschaftlichen Bedingungen der betroffenen Altergruppen befassten Institutionen – Schule und

Wenn du vom Krieg erzählt hast,
wie du an' Russen Aug in Aug
gegenüber'standen bist
Ihr habt's euch gegenseitig an Tschik
an'boten, die Hand am Abzug hat
,zittert vor lauter Schiss
Oder dei' Frau, die den ganzen Tag
dir die Ohr'n vollg'sungen hat
Du hast nur g'sagt i hab sie gern
I muss net alles, was sie sagt,
immer hör'n

Großvater, kannst du net owa-
kommen auf an schnell'n Kaffee
Großvater, i möcht dir so viel sag'n,
was i erst jetzt versteh'
Großvater, du warst mein erster
Freund und das vergess i nie
Großvater

Altenbetreuungseinrichtungen, nach dem Motto „wir zahlen doch – da müsst ihr diese Aufgaben übernehmen!". Das ist jedoch ein Trugschluss, denn gesellschaftliche Integrationsprozesse sind von ihrem Leistungsumfang „unbezahlbar"!

Generationsprojekte in Pflegeheimen

Wie dieses Buch aufzeigt, gibt es inzwischen zahllose Generationsprojekte zwischen Pflegeheimen und Institutionen, die sich mit Kindern und Jugendlichen befassen. Dazu zählen in erster Linie Schulen und Kindergärten. Es gibt aber auch andere Organisationen wie Jugendgruppen, Theatergruppen, Firm- u. Konfirmationsgruppen... etc.

Die Initiative geht heute oft von den Pflegeheimen aus, weil diese in ihrem unmittelbaren Arbeitsfeld erkannt haben, dass soziale Integration ein Bedürfnis der KundInnen ist, auf das eingegangen werden muss.

Aus deren Sicht geht es primär um die Vermehrung sozialer Kontakte und um die Steigerung des Selbstwertgefühles, aber auch um einen Lerngewinn, der automatisch aus einer Begegnung mit anderen Generationen entsteht.

Lernfähigkeit wird inzwischen auch wissenschaftlich belegt, jedenfalls aber aus ethischen Gründen jedem Menschen bis zum Tode zugestanden – „in der Theorie"!

In der Praxis gibt es hier in der Gesellschaft noch einen Entwicklungsbedarf, da zumeist die Einstellung besteht, dass sich mit der Absehbarkeit des Todes, bei hochaltrigen Menschen, ein Lernprozess nicht mehr lohnt.

Aus der Sicht der jungen Generation geht es bei Generationsprojekten durchaus auch um andere Schwerpunkte:
- Auseinandersetzung mit einer Lebensphase, die einen höchstwahrscheinlich selbst betreffen wird und dadurch Initialzündung für die Berücksichtigung in der eigenen weiteren Lebensplanung.
- Auseinandersetzung mit verschiedenen Lebensstrategien und dem Umgang mit Einschränkungen
- Alltagsgeschichte wird lebendig erfahren (Zeitzeugen)
- Auseinandersetzung mit Tod und Schmerz
- Auseinandersetzung mit Prozessen in einer humanistischen Gesellschaft, Entwicklung sozialer Verantwortung
- Mögliche Berufsfelder kennen lernen

Der Benefit ist also auf beiden Seiten bemerkenswert und es ist eigentlich unverständlich, warum diese intergenerationellen Berührungspunkte nicht schon längst auf schulischer Seite systematisiert wurden, insbesondere mit Hinweis darauf, dass die natürlichen Begegnungsräume zwischen den Generationen, wie schon erwähnt, abnehmen. Ein Unterrichtsfach, das sich mit Themen der verschiedenen Lebensphasen, der Ethik, der Pflege, der Kommunikation, der Demenz, der körperlichen Einschränkungen und dem Umgang mit humanistischen Werten befasst, wäre nicht nur aus den hier erwähnten Gründen dringend erforderlich.

Es bleibt zu hoffen, dass gesellschaftliche Verantwortungsträger dieses Thema in Zukunft aufnehmen und die „Sozialräume", in denen sich die verschiedenen Generationen begegnen können, wieder mehr werden.

Gregor Herzog
Direktor Landespflegeheim Berndorf,
Haus Theaterpark

Du warst kein Übermensch, hast auch nie so ,tan, grad deswegen war da irgendwie a Kraft
Und durch die Art, wie du dein Leben g'lebt hast, hab i a Ahnung ,kriegt, wie man's vielleicht schafft
Dein Grundsatz war, z'erst überleg'n, a Meinung hab'n, dahinterstehn
Niemals Gewalt, alles bereden
Aber auch ka Angst vor irgendwem

Großvater, kannst du net...

www.sts-page.com

ES WAR EINMAL ...

Ein „Generationentheater" auf die Beine zu stellen, basierte auf einer Idee von Frau Julia Annerl, akademische Lehrerin für Gesundheits- und Krankenpflege und Praxisbegleiterin für Basale Stimulation in der Pflege. Die Kooperation zwischen den BewohnerInnen des SeneCura Sozialzentrums Pöchlarn, dem Kindergarten 1 in Pöchlarn und den SchülerInnen der Gesundheits- und Krankenpflegeschule Scheibbs konnte rasch organisiert werden.

Den ersten Kontakt knüpfte das Team des Senecura Sozialzentrums Pöchlarn mit dem Kindergarten. Gemeinsam sangen die Kinder mit BewohnerInnen das Lied „Dornröschen war ein schönes Kind". Bewohnerinnen lasen den Kindern das Märchen „Dornröschen" vor und es war wunderbar zu beobachten, wie sich Jung und Alt annäherten. An den folgenden gemeinsamen Nachmittagen wurden auch die SchülerInnen eingebunden. Gemeinsam wurde gebastelt, genäht, gemalt, gestickt und für die Aufführungen geprobt.

Im Mai 2012 fanden zwei Aufführungen statt - der gesamte Kindergarten 1 aus Pöchlarn, ehrenamtliche MitarbeiterInnen des SeneCura Sozialzentrums Pöchlarn, BewohnerInnen und Angehörige waren dazu eingeladen zu sehen, wie fröhlich und befruchtend eine gemeinsame Arbeit zwischen Jung und Alt sein kann.

Es war einmal ... Das Märchen „Dornröschen" erzählt die Geschichte eines Königspaares, das sich nichts sehnlicher wünscht, als nach langer Zeit endlich ein Kind zu bekommen. Als dies geschehen war, gibt der König voller Freude ein Fest und möchte die dreizehn weisen Frauen einladen. Da er jedoch nur zwölf goldene Teller hat, muss eine zu Hause bleiben.

Wie das Fest nun so von statten geht und die zwölf Weisen der Königstochter Tugend, Schönheit und viele gute Dinge wünschen, kommt die dreizehnte herein und belegt Dornröschen mit einem Fluch, dass es sich an seinem fünfzehnten Geburtstag an einer Spindel stechen und daran sterben solle. Die zwölfte Weise mildert den Todesfluch und wandelt ihn in einen hundertjährigen Schlaf um. Da lässt der König alle Spindeln im Reich verbieten.

An seinem fünfzehnten Geburtstag erkundet Dornröschen das Schloss und trifft in einer Kammer des Schlossturmes eine alte Frau, die am Spinnen ist. Davon so angetan, möchte Dornröschen es auch gerne probieren und sticht sich gleichwohl an der Spindel. Dornröschen fällt in den hundertjährigen Schlaf und mit ihr der gesamte Hofstand. Um das Schloss wächst eine riesige, undurchdringliche Dornenhecke.

Als die hundert Jahre vorbei sind, verwandeln sich alle Dornen plötzlich in blühende Rosen und es gelingt einem Prinzen in den Turm zu Dornröschen zu gelangen. Und wie er so vor dem wunderschönen, schlafenden Dornröschen steht, fasst er sich ein Herz und küsst es. Dornröschen erwacht und auch der Schlaf des Hofstaats ist beendet. Das ganze Schloss füllt sich wieder mit Leben. Dornröschen und der Prinz heiraten. Und wenn sie nicht gestorben sind, dann leben sie noch heute ...

Titel des Projektes
Es war einmal ...
ProjektpartnerInnen
Senecura Sozialzentrum Pöchlarn
NÖ Landeskindergarten Pöchlarn 1
Gesundheits- und Krankenpflegeschule Scheibbs
Inhalt
Generationentheater

Dornröschen war ein schönes Kind, schönes Kind, schönes Kind.
Dornröschen war ein schönes Kind, schönes Kind.

Dornröschen, nimm dich ja in acht,
ja in acht, ja in acht.
Dornröschen, nimm dich ja in acht,
ja in acht.

Da kam die böse Fee herein, Fee herein, Fee herein.
Da kam die böse Fee herein und sprach zu ihr.

Dornröschen, schlafe hundert Jahr, hundert Jahr, hundert Jahr.
Dornröschen, schlafe hundert Jahr und alle mit!

Da wuchs die Hecke riesengroß, riesengroß, riesengroß.
Da wuchs die Hecke riesengroß um das Schloss.

Da kam ein junger Königssohn, Königssohn, Königssohn.
Da kam ein junger Königssohn, sagte leis:

Dornröschen wache wieder auf, wieder auf, wieder auf.
Dornröschen wache wieder auf, wieder auf.

Sie feierten ein großes Fest, großes Fest, großes Fest.
Sie feierten ein großes Fest, Hochzeitsfest.

GEMEINSAM MITEINANDER AUSKOMMEN

Und so hat alles begonnen: Im Innenhof des Landespflegeheimes „Haus Elisabeth" in Zistersdorf stand eine graue Wand. Unter Leitung des Künstlers und Hauptschullehrers Franz Rauscher wurde sie mit SchülerInnen und SeniorInnen bunt gestaltet.
Heute findet auch so manche Unterrichtsstunde – sei es Deutsch, Geschichte, Biologie, Physik, Musik oder Turnen – gemeinsam zwischen Jung und Alt im Haus Elisabeth statt.

Begonnen hat alles im Sommer 2009. Es war die Geburtsstunde einer außergewöhnlichen Zusammenarbeit zwischen Kindern und SeniorInnen. Ludwig Schweng, Leiter des NÖ Pflegeheimes „Haus Elisabeth", trat mit einer Idee an den Künstler und Hauptschullehrer Franz Rauscher in Zistersdorf heran: „Wir haben im Innenhof eine graue Wand. Könnten die Kinder diese nicht bemalen?"

Es sollte ein weit größeres Projekt unter dem Titel „Gemeinsam miteinander auskommen" entstehen. Die Schule setzte sich eine vermehrte Zusammenarbeit mit dem „Haus Elisabeth" zum Ziel. Heute lernen Jung und Alt in gemeinsamen Unterrichtsstunden voneinander.
Eine gute Gesprächsbasis konnte durch gemeinsame Aktivitäten wie spazieren gehen oder bei Gesellschaftsspielen geschaffen werden. Jetzt findet auch der Unterricht in regelmäßigen Abständen gemeinsam mit den HeimbewohnerInnen in deren vertrauter Umgebung statt. Sei es in Deutsch, Geschichte, Biologie, Physik oder anderen Gegenständen, in fast jedem Unterrichtsfach besteht die Möglichkeit, die SeniorInnen in das Unterrichtsgeschehen einzubinden um gleichzeitig auch die SchülerInnen von deren Wissen und Erfahrung profitieren zu lassen.
Unter der Devise „Musik verbindet" wird der Musikunterricht genützt, um Gemeinsamkeiten zu entdecken. SchülerInnen der Musikschule begleiten auf ihren Instrumenten.
Im Rahmen des Sportunterrichts wird gemeinsam trainiert. Speziell zu diesem Zweck wurden „Therabänder" angeschafft, die für Bewegungsübungen aller Altersgruppen geeignet sind. Das Programm ist individuell auf Jung und Alt ausgerichtet.
Im Religionsunterricht steht die soziale Komponente im Vordergrund: Miteinander reden und auskommen, einander mit Respekt und Akzeptanz begegnen. So gelingt es Berührungsängste und immer wieder aufkeimende Vorurteile zwischen Jung und Alt abzubauen.

Die Kinder lernen durch ihre Erfahrungen Verantwortung zu übernehmen und selbstständig zu agieren. Die Lehrkräfte stehen unterstützend zur Seite. „Für unsere Schule waren und sind Werte immer schon sehr wichtig gewesen, sowohl für die Kinder, als auch für die LehrerInnen ist dieses Projekt eine neue, wertvolle Erfahrung", so die Hauptschuldirektorin Sandra Steineder.

Anstatt Vorurteilen wachsen nun zwischen Jung und Alt gegenseitiges Vertrauen, Wertschätzung und ein integrales Lernen. Es ist ein Gefühl des Miteinanders, der Zugehörigkeit und des gegenseitigen Vertrauens entstanden. Die soziale Gemeinsamkeit ist in den Vordergrund gerückt. Integrales Lernen, in welchem sich der ganze Mensch entfalten kann, findet statt. Die Kinder wie die alten Menschen lernen nicht nur kognitiv, sondern ebenso kinästhetisch, ästhetisch, moralisch, zwischenmenschlich, emotional und spirituell. Auch Werte, Bedürfnisse und Identität können sich so entwickeln.

Das Kollegium der Hauptschule Zistersdorf praktiziert mit dem „Haus Elisabeth" nun eine neue Form der Zusammenarbeit. Der pädagogische Aspekt wird durch den außerschulischen Lernort wesentlich gefördert, ist man sich in der Lehrerschaft einig. Die SchülerInnen „merken" gar nicht, dass Lernen stattfindet. Und manche SchülerInnen sind von der Arbeit mit den betagten Menschen so begeistert, dass sie teilweise auch ihre Freizeit mit ihnen verbringen. Auch die Eltern sind immer wieder in das Geschehen eingebunden. Die Schule selbst ist durch das Projekt stärker denn je in das öffentliche Leben integriert. Bei allen Beteiligten herrscht Einigkeit über den großen Erfolg des Projektes, es soll fortgesetzt werden. Was sagen die SchülerInnen?
„Am Anfang war alles sehr ungewöhnlich, hier zusammen zu spielen, aber es macht viel Spaß" und eine Mitschülerin ergänzt: „Wir haben gelernt Geduld zu haben."

2009 wurde das besondere Projekt, das die Generationen im Haus Elisabeth zusammenführt, mit dem „NÖN-Leopold" in der Kategorie „Unsere Zukunft" ausgezeichnet. Der Preis wird jährlich von den Niederösterreichischen Nachrichten vergeben, holt außergewöhnliche niederösterreichische Leistungen vor den Vorhang und trägt den Namen von Niederösterreichs Landespatron. „Über 300 Schulprojekte wurden 2009 für den NÖN-Leopold eingereicht. Die Nachhaltigkeit an der Idee der Hauptschule Zistersdorf hat überzeugt und verdient Respekt", so Martin Lammerhuber von der NÖN bei der Feier im Haus Elisabeth.

Titel des Projektes
Gemeinsam miteinander auskommen
ProjektpartnerInnen
*NÖ Landespflegeheim Zistersdorf –
Haus Elisabeth
Hauptschule Zistersdorf*
Inhalt
Regelmäßig gemeinsamer Unterricht in fast allen Gegenständen

Bildnerisches Gestalten im Haus Elisabeth. Jung und Alt schaffen Wandbilder.

Licht und Schatten beginnen in uns

Licht und Schatten ... Polarität ... Gegensätze ... Themen, mit denen wir ständig konfrontiert sind, ob wir wollen oder nicht. Allzu gerne neigen wir dazu, unser Augenmerk auf eine Seite zu richten. Die andere Seite nehmen wir nicht mehr wahr. Das, was wir an uns mögen, stellen wir ins Licht und das, was wir nicht an uns mögen, weisen wir von uns weg, stellen es in den Schatten. Damit ist es aber nicht getan, denn das Abgelehnte bleibt bestehen. Diesem Schatten, dem wir an uns nicht gewahr sind, begegnen wir ständig in unserem Erleben in der „Außen"-Welt. Es sind die Aspekte, die wir vehement ablehnen und bekämpfen. Was im Inneren nicht integriert wird, kommt über das Außen zu uns. Die Emotionen, die damit einhergehen, sind vorrangig Wut und Angst.
Licht und Schatten in uns – was erzählen die junge und die alte Generation darüber?

Licht und Schatten im Unterricht

Ende Jänner war in der 4c der Hauptschule Zistersdorf das Thema Licht und Schatten im Physikunterricht geplant. Die SchülerInnen durften einige Experimente mit einer Schattenbühne ausprobieren. Das veranlasste sie, ein Schattentheater zu inszenieren. Das Projekt wurde fächerübergreifend in Physik und Bildnerischer Erziehung gestaltet. Die Inszenierung wurde von den SchülerInnen selbst ausgearbeitet.
Bei der Aufführung im Haus Elisabeth kam sogar die dritte Klasse der Volksschule um zuzusehen. Das Schattenspiel gefiel allen so gut, dass es auch den Kindern im Kindergarten vorgeführt wurde. Für die SchülerInnen der 4c war es ein großartiges Erlebnis, da ihre Arbeit so viel Anerkennung bei Jung und Alt gefunden hat.

Der physikalische Schatten

Schatten (ahd. scato): „Der dunkle Raum hinter einem beleuchteten undurchlässigen Körper". Diese Definition aus dem Brockhaus Lexikon macht eine sehr wichtige, wenig bekannte Feststellung: Der Schatten ist ein Raum, nicht zweidimensional, sondern dreidimensional. Er zeigt sich uns zwar auf einer Fläche, dehnt sich aber in Wirklichkeit unendlich in den Raum aus. Schatten ist das Fehlen von Licht. Physikalisch betrachtet sind Schatten „Löcher im Licht". Der Schatten werfende Gegenstand unterbricht die Lichtwellen und das Licht wird geschluckt.

Das Schattenspiel

Das Schattenspiel, auch Schattentheater, ist eine Form des Theaters, bei der eine Geschichte erzählt wird, indem Schatten auf eine beleuchtete Fläche geworfen werden. Es wird hinter einer weißen Wand, einem weißen Leintuch gespielt. Hinter der Wand steht ein Tageslichtprojektor, der das Licht gegen die Wand strahlt. Je nachdem ob die DarstellerInnen dichter am Licht oder weiter entfernt stehen, werden sie verschieden groß dargestellt. Den Kindern machte das Arbeiten mit dem Licht großen Spaß und sie engagierten sich sehr in diesem Projekt. Sie probierten aus, was man mit Licht alles machen kann, wie man Tiere darstellt und wie man ein Märchen nachspielen kann.

Im Schattenspiel sieht man die schattengebende Figur nicht, nur den unfassbaren Schatten. Die Schattenfigur zeigt nur ihre Kontur. Kein Ohr, keinen Gürtel, keine Falte. Diese Konzentration auf das Wesentliche steigert ihre Wirkung enorm. Sie fordert die kreativen Fähigkeiten und die Fantasie der ZuseherInnen heraus. Der Schatten ist da und doch nicht da, nicht fassbar, nicht begreifbar. Er wird sichtbar und verschwindet wieder. Diese Körperlosigkeit verleiht dem Schatten etwas Geheimnisvolles, Irrationales, Transzendentes, Traumhaftes, Immaterielles, ja Magisches.

Physik im Haus Elisabeth: Wenn die Lichtquelle hinter der Projektionsfläche punktförmig ist, sind Figuren auch dann scharf zu erkennen, wenn sie vom Schirm weiter entfernt werden. Sie erscheinen dann vergrößert oder in verzerrten Proportionen. Liegt dagegen eine diffuse Lichtquelle vor, erscheinen die Figuren nur scharf, wenn sie nahe der Projektionsfläche sind. Mehrere farbige Lichtquellen können zur Erzeugung farbiger Schattenabbilder führen. „Negative" Schatten erreicht man, wenn man eine Schablone verwendet, die die gesamte Projektionsfläche ausfüllt. Dann erscheint die Figur weiß.

Vor dem ersten Besuch im Landespflegeheim ...

hab ich mir gedacht, dass es dort schön sein wird ... dass wir **Spaß** haben werden ... dass wir **nicht so gut** mit den BewohnerInnen umgehen können ... dass die Leute **nett** sind wie meine Oma ... dass sich die BewohnerInnen über unseren Besuch und die **Abwechslung freuen**. Vor unserem ersten Besuch hab ich erwartet, dass vielleicht ein paar BewohnerInnen **dagegen** sein werden ... dass **freundliche Menschen** auf uns warten ... dass wir viel gemeinsam reden und unternehmen ... dass wir etwas **von früher lernen**. Ich hab **Angst gehabt**, dass mich jemand anspuckt ... dass sie uns nicht leiden können ... dass wir **beschimpft** werden ... dass sie mich **nicht verstehen** ... dass ich etwas falsch machen könnte. Ich habe mich gefreut auf das Treffen und **Spielen** ... auf die Menschen ... auf das **Spazierengehen** ... auf das Zusammenarbeiten zwischen Jung und Alt. Beim ersten Besuch hat mich **beeindruckt**, dass die BewohnerInnen noch ziemlich **gut** beisammen sind … dass sie gleich mit uns **geredet** haben … dass alle nett sind … dass es eine eigene Kapelle mit Messen gibt … dass das Haus **hell und modern** ist. Beim **Kennenlernen** der BewohnerInnen ist mir aufgefallen, dass eine Frau uns nicht in ihr Zimmer lassen wollte … dass manche **viel reden** und andere **nur lächeln** … dass sie sich auf den Besuch ihrer Angehörigen **freuen** … dass die BewohnerInnen doch unterschiedliche körperliche und geistige Probleme haben. **Bilder gestalten** mit Krepppapierkugerln hat mir **gefallen**, weil die BewohnerInnen **mitmachen** konnten und sich am Schluss **gefreut haben** über eine Arbeit, die uns ganz leicht, ihnen jedoch sehr schwer gefallen ist. Gedächtnistraining und **Singen** mochte ich sehr, weil wir **viel gelacht** haben … weil wir selbst viel **nachdenken** mussten ... weil die BewohnerInnen noch **viel wissen** ... weil auch die Ehrenamtliche **so nett** war. Bilder malen in Acryltechnik war am Anfang schwierig, weil ich keine Idee hatte, dann **lustig** und schön, weil die BewohnerInnen **Freude** mit dem Bild hatten. Den Besuch der alten Menschen in der Polytechnischen Schule fand ich **interessant**, weil die **BesucherInnen** alles bewunderten und von früher erzählten. Was denkst du, wenn du die BewohnerInnen **unterstützt** beim Gehen, Kleben, Malen? Ich denke, dass es **nicht** einfach ist, weil man **umdenken** muss ... dass es Freude macht ... dass meine Mutter mir als **Baby** und **Kleinkind** auch so geholfen hat ... dass **helfen** nicht schwierig ist. Glaubst du, dass die HeimbewohnerInnen **Freude** haben, wenn wir am Donnerstag kommen? **Ja**, weil jeder jemanden zum **Spielen** hat, weil sie durch uns Abwechslung haben und **lachen können**. In welcher Form kannst du dir weitere Besuche im Pflegeheim vorstellen? Später, in meiner **Freizeit**, werde ich zum **Spazierengehen** ins Pflegeheim kommen. Vielleicht kann ich einmal mit den BewohnerInnen **kochen?** Ich kann mir die **Mitarbeit** als Ehrenamtliche vorstellen. Was hast du bis jetzt für dich **dazugelernt?** ... dass die alten Menschen mit Unterstützung noch viel machen können ... dass einige **überrascht** waren über die Einrichtung in der **Schule** ... dass ich einige Spiele selbst nicht kannte ... dass ältere Leute **sehr herzlich** und freundlich sind, wenn es ihnen **gut geht** ... dass doch einige BewohnerInnen noch **viel machen** können ... dass man von SeniorInnen noch **einiges** lernen kann ... dass ich **keine Angst** mehr hab, wenn ich Leute im **Rollstuhl** treffe.

SchülerInnen zur Kooperation der Polytechnischen Schule Zistersdorf mit dem Pflegeheim Zistersdorf im Pilotprojekt „JA! Jung und Alt miteinander". Das Projekt wurde von der Dorf- und Stadterneuerung ins Leben gerufen.

FEST DER GENERATIONEN

Das Spiele-, Spaß- und Sportfest des Psychosoziales Betreuungszentrums Mauer und der Krankenpflegeschule Mauer hat schon Tradition und zieht Jahr für Jahr an die 500 TeilnehmerInnen an.

Spiele-, Spaß- & Sportfest seit 1997

Den Grundstein zu diesem Projekt legte die Krankenpflegeschule Mauer. Sie entwickelte einen Tag, der für und mit Menschen mit besonderen Bedürfnissen ins Leben gerufen wurde.

Nach der Teilung des Klinikums im Jahre 1999 übernahm das Psychosoziale Betreuungszentrum (PBZ) die Organisation dieses tollen Festes, das bereits ein enormes Ausmaß angenommen hatte. Sehr viele Aktionen wurden beibehalten, das eine oder andere kam dazu und so entwickelte sich ein Event, der für sehr viele Einrichtungen bereits ein Highlight im Jahresprogramm darstellt.

Im Areal des Klinikums, im Pratergelände, tummeln sich am Sportfesttag rund 500 Personen, davon sind etwa 300 aktiv im Geschehen dabei. Jung und Alt kämpfen um den Sieg. Die SchülerInnen der Krankenpflegeschule Mauer sowie haupt- und ehrenamtliche MitarbeiterInnen unterstützen uns tatkräftig bei der Veranstaltung.

Auch in den Reihen der Aktiven sind viele Generationen vertreten. Von den jüngsten TeilnehmerInnen mit 6 Jahren bis zu den Ältesten mit 97 Jahren. Der Ehrgeiz zu gewinnen hat nichts mit Jahrgängen zu tun, nein, jede und jeder gibt sein Bestes und macht mit vollem Einsatz mit.
Bei diesem Fest muss man dabei gewesen sein, um in den Bann dieses Erlebnisses gezogen zu werden. Die angespannten Gesichter vor dem Wurf, die Aufregung bei der Siegerehrung, die Schreie der Freude und Tränen der Enttäuschung. All dies kennt keine Altersgrenze, jeder Einzelne zeigt seine Gefühle und lässt uns seine Emotionen miterleben.
Das Zusammenspiel von Jung und Alt entwickelt hier eine Symbiose, als ob es keine Altersunterschiede geben würde.

Der Olympische Gedanke: „Dabei sein ist alles" steht an diesem Tag im Vordergrund. Denn bei der Siegerehrung bekommen alle eine Medaille und auch ohne Pokal gehen sie als SiegerInnen von der Bühne.

Wir sehen in den HeimbewohnerInnen gleichwertige PartnerInnen mit unterschiedlichen Fähigkeiten denen wir mit Achtung und Respekt begegnen.

Die angespannten Gesichter vor dem Wurf, die Aufregung bei der Siegerehrung, die Schreie der Freude und Tränen der Enttäuschung. All dies kennt keine Altersgrenze.

Titel des Projektes
Fest der Generationen
ProjektpartnerInnen
NÖ Psychosoziales Betreuungszentrum Mauer
Krankenpflegeschule Mauer
Inhalt
Spiel-, Spaß- & Sportfest

SCHULE – EINST, JETZT UND MORGEN?

Mit alten Bildern aus früheren Zeiten wurden Erinnerungen der BewohnerInnen an ihre eigene Schulzeit wach. Die Kinder hörten staunend zu und erzählten, wie es heute ist.

Schulbildung und wie diese vermittelt wird hat sich im Laufe der Generationen stark verändert. Nach wie vor finden sich jedoch – teilweise auch wieder neu entdeckt – pädagogische Ansätze der Vergangenheit vor allem in neuen Unterrichtsformen wieder.

Das Integrative Montessori Atelier (IMA), eine Privatschule mit Öffentlichkeitsrecht in St. Pölten, begab sich gemeinsam mit den SchülerInnen, den HeimbewohnerInnen, MitarbeiterInnen und ehrenamtlichen MitarbeiterInnen in einem Workshop auf eine spannende Zeitreise: Wie war es früher in der Schule? Wie ist es heute? Und wie könnte es in Zukunft sein?

Am Workshop nahmen auch LehrerInnen teil, die heute pensioniert sind und als Ehrenamtliche im Martinsheim arbeiten. Die BewohnerInnen und sie berichteten aus ihrer Erinnerung, wie es früher in der Schule war. Mit vielen Anschauungsmaterialien aus der Vergangenheit und der Jetztzeit konnte mit Erzählungen und Geschichten der Bogen über die Jahrzehnte gesponnen werden.

Wie sah damals der Unterricht aus, welche Strafen und Belohnungen gab es und wie ist das heute? Was ist der große Unterschied zwischen den vergangenen Zeiten und dem heutigen Regelschulsystem und wie findet der Unterricht im IMA statt? Diesen und ähnlichen Fragen wurde gründlich nachgegangen. Die Antworten lösten teilweise Erstaunen und ungläubiges Kopfschütteln bei den Jungen aus und teilweise tiefe Seufzer bei den reiferen Semestern. So wäre es auch für sie schön gewesen. Und dass man mit so manchen alten Methoden überhaupt etwas gelernt hat! Der größte Unterschied zwischen der „Schule - Einst und

Titel des Projektes
Schule – Einst, Jetzt und Morgen?
ProjektpartnerInnen
NÖ Landespflegeheim Herzogenburg – Martinsheim
Integratives Montessori Atelier St. Pölten
Inhalt
Im Dialog der Generationen und mit viel Anschauungsmaterial wurde die Schule früher und heute verglichen.

Jetzt" ist wohl, dass früher viel strenger, härter und teilweise mit körperlicher Züchtigung unterrichtet worden ist. Da waren die SchülerInnen des IMA schon überrascht, wie streng es damals zugegangen ist – auch die Erziehung und die LehrerInnen waren anders als in der heutigen Zeit. Früher gab es strenge Regeln, strenge Strafen, strenge Sitzpositionen, bis hin zu täglichen Nägelkontrollen. Waren die Nägel nicht sauber und gepflegt, hatte dies körperliche Züchtigung mit einem Holzstab zur Folge. Montags wurden die SchülerInnen im Unterricht gefragt, ob sie am Sonntag den Gottesdienst besucht hatten, antworteten sie mit nein, wurden sie ebenfalls bestraft. Die Strafen der Pfarrer waren oft am härtesten und strengsten.

Auch heute sind Regeln und Disziplin wichtig in der Schule, doch sie werden ganz anders gelebt. In der Montessori Schule gibt es Bestrafungen überhaupt nicht mehr. Bei Problemen wird über diese gesprochen und es wird versucht, diese gemeinsam zu lösen.

Der Unterricht wird, speziell im IMA, lockerer gestaltet, mit vielen Erfahrungen, Praxisbeispielen und Materialien zum Angreifen und besser verstehen. Der Unterricht findet altersübergreifend statt. Das ist eine Verbindung zur Vergangenheit.

Das IMA beschreibt sich selbst, orientiert an den pädagogischen Grundsätzen von Frau Dr. Maria Montessori wie folgt: „Wir wollen den Kindern Raum für individuelle Begabungen und Bedürfnisse geben, sodass sie sich aus eigener Kraft entwickeln können nach dem Leitsatz: Hilf mir, es selbst zu tun". Der Schwerpunkt ist eine bewusst gelebte Integration von Kindern mit verschiedenen Begabungen, Stärken und Entwicklungsstufen. Man sieht das gemeinsame Arbeiten unterschiedlich alter und begabter Kinder als Chance für eine gesunde soziale und emotionale Entwicklung. Nachdem die Schule das Öffentlichkeitsrecht hat und auch die SchulabgängerInnen in den weiteren Schulen und im Berufsleben sehr gute Erfahrungen gemacht haben, spricht einiges für diese Form des Unterrichtes, der teilweise auch in den Regelschulen wieder Einzug gefunden hat. Denn neben dem schulischen ist vor allem auch das soziale Lernen wichtig für unsere Gesellschaft. Die Freude am Lernen soll zugelassen, erhalten und gefördert werden. Das Kind, der

Früher schrieben die Kinder mit Kreide auf einer kleinen Schiefertafel. Und anstatt eines modernen Computers gab es eine Schreibmaschine – natürlich ohne Korrekturtaste und man musste sehr aufpassen, um Fehler zu vermeiden.

Mensch ist wissbegierig und will immer wieder Neues erfahren.

Die SchülerInnen hatten zum Workshoptag Anschauungsmaterial aus der Montessori Schule mitgebracht, zum Beispiel ein Rechenbrett, mit dem sich auch komplizierte Aufgaben anschaulich lösen lassen. Sie gehen im Unterricht oft in die Natur, damit sie mehr Bezug zur Umwelt bekommen. So haben die Kinder mehr Spaß am Unterricht und das Lernen wird zum Erlebnis und nicht zur Qual.
Es war für Jung und Alt sehr interessant, die Gegenstände, die früher im Unterricht verwendet wurden, mit den heutigen Unterrichtsmaterialien zu vergleichen. Früher hatten die SchülerInnen kleine Schiefertafeln und Kreide anstatt Heften.

Der Workshoptag war geprägt von kleineren und größeren beeindruckenden Geschichten.
Im Winter mussten früher alle SchülerInnen Holzscheite in die Schule mitbringen und in der Direktion abgeben, um die Klassen heizen zu können. In die Schule kamen alle zu Fuß, bei jeder Wetterlage und auch wenn sie über eine Stunde marschieren mussten. War das Wetter nass, konnten sie ihre Schuhe beim Ofen in der Klasse trocknen.
Die BewohnerInnen erzählten immer wieder einen Schwank aus ihrer Kindheit. Oft spielte die Kriegszeit eine große Rolle. Zum Beispiel erzählte eine Heimbewohnerin, dass sie Bauern waren und als ein Bombenalarm in der Schule war, wurden alle SchülerInnen bei ihr Zuhause in der Küche unterrichtet.

Gegen Ende des Workshoptages lasen zwei der Mädchen ihre zwischenzeitlich selbstgeschriebene Geschichte vor, „Der Zauberbrunnen", denn

Früher: ein Lederschulranzen Heute: ein moderner, fahrbarer Schul-Rucksack, um nicht so schwer schleppen zu müssen

Kreativität und Selbstständigkeit werden in der Montessori Schule besonders gefördert und unterstützt.

Mit einer abschließenden Erinnerungsrunde endete der Workshoptag. Man schien sich einig darüber geworden zu sein, dass der größte Unterschied zwischen der Schule früher und heute die übergroße Strenge und Disziplin in alten Zeiten war. Doch Schule und Lernen sollen Freude machen und die natürliche Neugierde der Kinder erhalten und fördern.

„Alternde Menschen sind wie Museen: Nicht auf die Fassade kommt es an, sondern auf die Schätze im Inneren."
Jeanne Moreau

DER WALDKINDERGARTEN UND DAS PFLEGEHEIM

*Sage es mir,
und ich werde es vergessen,
zeige es mir,
und ich werde mich erinnern,
lass es mich selbst tun,
und ich werde es verstehen.*

Konfuzius

Vor einigen Jahren wurden wir von einer jungen Mutter kontaktiert, die uns fragte, ob wir Interesse am Besuch eines besonderen Kindergartens hätten. Die Kinder des Waldkindergartens Münichsthal würden gerne die alten Menschen besuchen und mit ihnen eine Adventstunde gestalten.
Gerne nahmen wir das Angebot an und so kamen an einem schneereichen Dezembertag zum ersten Mal zwölf Kinder von 3 bis 6 Jahren und deren Betreuerinnen in unser Haus.
Erstaunt bemerkten die BewohnerInnen die Selbstverständlichkeit, mit der sich die Kinder ohne Hilfe auszogen, die nassen Overalls aufhängten und die Schuhe ordentlich hinstellten.

Frau Mittermaier, die Leiterin des Waldkindergartens, informierte die BewohnerInnen zu Beginn über die Philosophie ihrer Einrichtung. Es wird Wert auf Selbständigkeit, Kreativität und ein herzliches Miteinander gelegt. Durch die Bewegungsfreiheit im Wald wird natürlich auch die motorische Geschicklichkeit gefördert. So war es auch nicht weiter verwunderlich, dass unsere gemeinsame Adventstunde mit einer Vorführung von Bewegungsspielen und Purzelbäumen endete.

Diesem Besuch folgten noch einige weitere zu unterschiedlichen Anlässen und schließlich wagten wir uns zum Gegenbesuch in die Gemeindeschlucht von Münichsthal, um einen „Freiluftkindergarten" kennenzulernen. Mit zehn BewohnerInnen besuchten wir die „Waldfüchse" und durften den „Zauberberg", die Kletterbäume, die Riesenrutsche und das Winterzelt besichtigen.

Wenn der Kuckuck ruft

Mit dem Heimbus fuhren wir bis zum Ortsende von Münichsthal, von hier sollte es nicht mehr weit bis zum Kindergarten sein. Es gab nur mehr einen geschotterten Feldweg, der direkt in die sogenannte „Schliachtn" führte, wie die Waldschlucht, die von einem kleinen Bach durchflossen wird, heißt.

Wir fuhren ein paar hundert Meter hinein und hielten immer nach dem Kindergarten Ausschau. Das erste was wir sahen, waren Kinder, die von einer steilen Böschung auf dem nackten Lehmboden flott zwischen den Bäumen herunterrutschten und zu uns herkamen. Auch die Leiterin des Waldkindergartens kam uns jetzt entgegen. Nachdem sie uns begrüßt hatte, griff sie zu einem Pfeiferl und imitierte damit einen Kuckucksruf, der klar aber nicht laut war. Dennoch kamen daraufhin wie auf Kommando die Waldfüchse aus dem Wald heraus. So holte die Leiterin die Kinder zusammen und musste nicht nach ihnen rufen. Die Kinder waren nun da. Einen Kindergarten sahen wir noch immer nicht. Aber der eigentliche Kindergarten ist nicht irgendein Haus, sondern der Wald. Hier lernen die Kinder, sich mit dem was sie vorfinden zu beschäftigen. Sie zeigten uns ihre Lieblingsplätze neben dem Weg. Dann erklärten

Titel des Projektes
Der Waldkindergarten und das Pflegeheim
ProjektpartnerInnen
NÖ Landespflegeheim Wolkersdorf – Margaretaheim
Waldkindergarten Münichsthal
Inhalt
Gemeinsames Spielen und Natur erleben

Alles, was gegen die Natur ist, hat auf die Dauer keinen Bestand.

Charles Darwin

sie uns anhand einer kleinen Tafel, was sie zuletzt über die heimischen Bäume gelernt haben.

Es war nicht notwendig, den Kontakt zwischen diesen Kindern und den alten Menschen herzustellen. Der ergab sich ganz von alleine, ganz natürlich. Ein paar Kinder pflückten Blumen und hielten sie den Gästen zum Riechen unter die Nase. Diese saßen auf den mitgebrachten Heurigenbänken. Die Kinder nahmen aus ihren Rucksäcken, die sie immer mittrugen, ihre kleinen Sitzmatten heraus, und setzten sich einfach auf den feuchten, erdigen Boden nieder. Zeit für eine Jause und ein Plauscherl zwischen Jung und Alt. Als sie mit dem Essen fertig waren, nahmen die Kleinen ihre Waschlappen aus dem Rucksack und wischten sich die Hände sauber ab. Für die Kinder war es selbstverständlich sich nach dem Essen zu reinigen, auch wenn ihr Gewand voll Erde war. Das gehörte hier dazu und keiner ermahnte sie, sich ja nicht dreckig zu machen. Dafür hatten sie witterungstaugliche Hosen und Jacken.

Nach einem kleinen, gemeinsamen Spaziergang auf der Waldstraße, zeigte jemand auf eine weiße Spitze, die auf halber Höhe am Hang zwischen den Bäumen durchschaute. „Das ist unser Tippi!", wurden wir aufgeklärt. Das Tippi ist sozusagen ihr Kindergartenhaus, nach dem wir immer Ausschau gehalten haben. Das Tippi, oder besser gesagt, die beiden Tippis, die da oben standen, waren zwei große Indianerzelte. Da sie auf dem Hang standen, wo auch nur Autos schwer hinaufkamen, schaffte es nur eine Bewohnerin, die Tippis zu besichtigen. In dem großen Zelt war ein Sesselkreis und es standen dort auch Kisten mit Bilderbüchern und verschiedenen Utensilien. Das Imposanteste aber war die große Eisenpfanne in der Mitte des Zeltes, in der ein Feuer brannte, an dem sich die Kinder trocknen und aufwärmen konnten, denn selbst im Winter kommen sie täglich hierher in ihren Waldkindergarten. Die Kinder seien nur selten krank, erklärte uns die Leiterin. Sie sagte auch, es sei ihr ganz wichtig, dass sie lernten sich gegenseitig zu helfen, was man als

Außenstehender auch tatsächlich leicht beobachten konnte.
Dieser Kindergarten ist halt anders als die normalen Kindergärten. Aber bei genauem Hinsehen ist das Ganze doch nicht so anders, zumindest für die alten Menschen aus dem Margaretaheim nicht. Die haben zwar selbst keinen Kindergarten besucht, haben aber ganz ähnliche Erinnerungen an ihre eigene Kindheit. „Bei uns woa des a net aundas. Mia san ois Kinda a vü im Woid umkräut. Des woa gaunz normal", bringt es ein Mann auf den Punkt.
Frage: Was ist normal?

Dir. Mag. Andreas Strobl
Landespflegeheim Wokersdorf, Margaretaheim

Im Wald steht die Zeit still

Die Kinder im Waldkindergarten Münichsthal – genannt „Waldfüchse" – sind täglich am Vormittag mit allen Sinnen unterwegs. Die 3-6 Jährigen nehmen die Welt mit allen Sinnen wahr, sie erkunden ihre Umgebung über das Sehen, Hören, Riechen, Schmecken und Tasten.
Hier, mitten in der Natur, wird der respektvolle Umgang mit Menschen und Tieren gelebt. Dadurch entstand die Intention, den Kindern Werte zu vermitteln, wie wir anderen Menschen Freude bereiten können, ohne finanzielle Mittel. Unsere erste Begegnung im Margaretaheim löste sowohl bei den älteren Menschen als auch bei unseren Waldkindern große Freude aus. Sie waren sehr stolz vorweihnachtliche Lieder, Kreis- und Fingerspiele einem so aufmerksamen Publikum in der Vorweihnachtszeit vorzutragen. Den HeimbewohnerInnen gefiel es, wie geschickt sich unsere Kinder bei den Spielen bewegten und sie lauschten aufmerksam, wenn die Waldfüchse über ihre Lieblingsspiele im Wald erzählten. Einige Kinder meinten Tage später zu mir: „Maria, besuchen wir sie nächstes Jahr wieder!"
Umso mehr freuen sich die Waldfüchse, dass ihre Freunde dieses Jahr zu ihnen in den Wald auf Besuch kamen …

Im Wald steht die Zeit still.

Die Waldfüchse und das Landespflegeheim Wolkersdorf versuchen immer wieder durch gemeinsame Aktionen die Beziehung zwischen Jung und Alt zu stärken. Ein besonderes Erlebnis war heuer im Mai der Besuch der PensionistInnen im Wald. Die Kinder haben schon mit Vorfreude auf das Eintreffen ihrer „älteren FreundInnen" gewartet. Die Waldfüchse zeigten stolz „ihre besonderen Plätze" im Wald und bei gemeinsamer Jause entstanden zwischen Jung und Alt nette Gespräche über den Wald, die Natur, Tiere und Pflanzen. Es war beeindruckend zu sehen, wie sich die Ruhe des Waldes und die natürliche Umgebung auf alle auswirkten. Der Lebensraum Wald bietet viele Gemeinsamkeiten zwischen Alt und Jung. Die PensionistInnen erzählten von ihrer eigenen Kindheit in der Natur und die Waldfüchse bereicherten die Gespräche mit ihren Erfahrungen. Ein wunderbares Miteinander entstand. Die Kinder spielten noch ein Theater für ihre Gäste und gemeinsam wurde viel gelacht.

Der Tag im Wald ging viel zu schnell vorbei, doch diese schöne Begegnung zwischen den Generationen hinterlässt in den Herzen ihre Spuren.

Maria Mittermaier
Pädagogische Leitung des Wald.Kinder.Gartens

Im Wald steht die Zeit still.

Es ist beeindruckend zu erleben, wie sich die natürliche Umgebung und die Ruhe des Waldes auf die Kinder und die alten Menschen auswirken.

EIN GENERATIONENBAUM WÄCHST

Schon seit vielen Jahren besteht zwischen dem Landeskindergarten Brunnthalgasse und dem Landespflegeheim Hollabrunn ein reges Miteinander. Bei gegenseitigen Besuchen wird geplaudert, gespielt, gebastelt, gesungen und musiziert und natürlich werden auch Geschichten erzählt.

Im Zuge der Neugestaltung des Innenhofgartens des Pflegeheimes sollte in gemeinsamer Interaktion nun etwas ganz Besonderes geschaffen werden, das die Begegnung und das Miteinander zwischen den Kindern und den alten Menschen auch symbolisch ausdrückt und sichtbar macht. Die Idee eines künstlerisch gestalteten Generationenbaumes wurde geboren, ein genauer Projektplan erstellt und Partner zur Umsetzung gesucht. Die Kinder und die alten Menschen gestalteten und verzierten miteinander aus Ton die Baumelemente Blätter und Stamm. Eine einfache Idee mit großer Wirkung. Denn im Generationenbaum findet sich heute die Handarbeit jedes einzelnen Kindes, jeder einzelnen Bewohnerin und jedes einzelnen Bewohners wieder. Sie alle können stolz auf „ihr Blatt" oder „ihr Stück Baumrinde" zeigen, die miteinander „ein Teil des Ganzen" geworden sind.

Die künstlerische Idee brachte die Kindergartenleiterin Doris Haselberger ein. SchülerInnen der Landesberufsschule für das Baugewerbe in Langenlois fertigten eine Betonwand und stellten diese im Innenhof des Heimes auf. Der zeichnerisch talentierte Kindergartenvater Robert Krenn hatte die Aufgabe den Baum auf der Betonwand grob vorzuzeichnen und gemeinsam mit den Kindern und alten Menschen die Baumelemente auf die Wand zu kleben.

Der Generationenbaum steht im neu angelegten Innenhofgarten des Pflegeheimes und kann dort jederzeit bewundert werden. Bestimmt finden sich auch Kinder und BewohnerInnen, die Ihnen die Geschichte des Baumes erzählen wollen.

Die Bildergeschichte der Entstehung des Baumes erzählen die nächsten Seiten.

So entstanden die vielen Einzelelemente des Generationenbaumes: Blatt für Blatt und Rindenstück für Rindenstück wurde von den Kindern und alten Menschen aus Ton gestaltet, bemalt und anschließend im Brennofen gebrannt.

Titel des Projektes
Generationenbaum
ProjektpartnerInnen
NÖ Landespflegeheim Hollabrunn
NÖ Landeskindergarten Brunnthalgasse Hollabrunn
NÖ Landesberufsschule für das Baugewerbe in Langenlois
Inhalt
Gemeinsam wurde ein künstlerisch gestalteter Generationenbaum im Innenhof des Pflegeheimes geschaffen.

In den Gesichtern kann man die gemeinsame konzentrierte Arbeit der Kinder und BewohnerInnen ablesen.

Die Betonwand für den Generationenbaum wurde von der Landesberufsschule für das Baugewerbe in Langenlois gefertigt und aufgestellt. Nach dem groben Vorskizzieren des Baumes konnten die Kinder und BewohnerInnen des Landespflegeheimes Hollabrunn mit dem Aufkleben der unzähligen Baumelemente beginnen.

Menschen sind wie Bäume...

... in der Art, in der Form und in der Lebensweise. Es gibt welche, die haben viele Blätter und tragen groß auf. Es gibt andere, die sind im Stamm dünn und drahtig. Ein Sturm kann ihnen kaum an. Bäume brauchen das Verwurzeltsein zum Leben. Bäumen kennst du die guten und dürren Jahre an. Die Jahre und Ereignisse hinterlassen ihre Spuren.
Ein Drechsler muss besonders auf die Risse im Holz achten. Übersieht er sie, kann genau an diesen Stellen das Werkstück zerbrechen.
Am Interessantesten ist für den Drechsler jenes Holz, das gerade nicht einheitlich und perfekt ist. Interessant sind gerade die „Fehler", die Narben im Holz und andere markante Stellen. Sie zur Geltung zu bringen, gibt dem einzelnen Stück die unverkennbare, einmalige und besondere Qualität.
Menschen sind wie Bäume ...

BEGEGNUNGEN: EIN BUCHPROJEKT

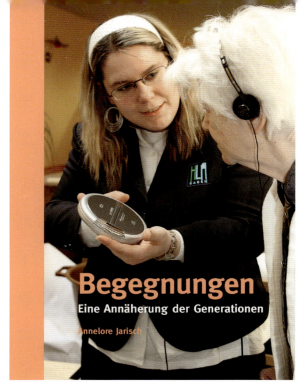

Aus einem Projekt des Landespflegeheimes Berndorf mit der HBLA Baden entstand letztlich ein Buch ...

Die Idee, die Begeisterung und dann kam alles anders

Lebensmittel-Verwendung gestern und heute war das Thema, das wir realisieren wollten. Die SchülerInnen der HBLA Baden sollten die HeimbewohnerInnen besuchen und mit ihnen Gespräche führen, wie sie damals gekocht hatten, welche Lebensmittel verwendet wurden und vor allem brauchten wir Rezepte. Wir wollten doch ein besonderes Kochbuch herausgeben.

Es wurden Fragebögen ausgearbeitet und die alten Leute auf den Besuch der Jugend vorbereitet. Die Gespräche wurden mit Hilfe von ehrenamtlichen MitarbeiterInnen geführt, die eventuelle Verständigungsschwierigkeiten ausräumen sollten. Bald stellte sich heraus, dass die Fragebögen nur ein Leitfaden durch die Gespräche waren. „Was wir gegessen haben? Einen Sterz halt und Erdäpfel! Der Waschtag war eine Plage, nicht so wie heute mit der Waschmaschine! Aber das Schönste war, ich hab ein neues Firmungskleid bekommen. Hellblau war es und mit vielen Rüschen. Die Mutter hat es extra bei der Schneiderin machen lassen. Nie mehr hab ich so ein schönes Kleid gehabt!". Und damit war die Idee von einem Kochbuch gestorben. Die SeniorInnen erzählten aus ihrer Jugend. Es waren interessante und spannende Geschichten, aber keine Rezepte.

Die neue Idee, die Begeisterung und die Umsetzung

Ein Buch, in dem wir die Erinnerungen der SeniorInnen den Erlebnissen der Jugend gegenüberstellten. „Bei uns ist heute alles anders!" war der Tenor der SchülerInnen und sie erzählten von Waschmaschinen, Partys und Besuche bei McDonald's. Und so entstand das Buch „Begegnungen", eine Annäherungen der Generationen.

Bei allen Gesprächen wurde aber eines klar: so achtsam und verständnisvoll die Generationen miteinander umgingen, die Jungen konnten sich oft nicht vorstellen, wie das Leben damals war. „Was, Sie haben einen ganzen Tag Wäsche gewaschen?" wurden die HeimbewohnerInnen zum Beispiel unglaubwürdig gefragt.

Eine weitere Idee, Begeisterung und viel Vorbereitung

Die Idee zu einem Workshop war geboren. Sechs Stationen wurden im Haus Theaterpark aufgebaut. Zu besichtigen und vor allem auch ausprobieren waren Geräte aus alter und neuer Zeit.

Der Waschtag: „So haben die Leute früher Wäsche gewaschen?" Fassungslos blickten die Mädchen auf den Waschtrog und die Waschrumpel, die von einer ehrenamtlichen Mitarbeiterin vorgeführt wurden. „Wollt ihr es nicht selbst ausprobieren?" Einladend trat die Wäscherin zur Seite, um die Mädchen an den Waschtrog zu lassen, in dem die Wäsche in einer Lauge schwamm. „Nein, danke, das halten meine Fingernägel nicht aus!" meinte eine Schülerin und blickte auf ihre lackierten Nägel. „Das ist ja die reinste Ausbeutung!" meinte ein Mädchen aus der nächsten Gruppe die den Waschtag besuchte. „Ja, so haben wir früher gewaschen", nickte die Seniorin im Rollstuhl und blickte auf ihre abgearbeiteten Hände.

Die Musik: Aufgestellt waren bei dieser Station alte Musikgeräte z.B. ein Magnetophonband mit großen Spulen, alte Radioapparate und vor allem ein Plattenspieler, aus dem Musik aus den fünfziger Jahren ertönte. Aber es gab auch CD Player und MP3 Player. Hier waren es die SeniorInnen, die sich nicht erklären konnten, wie man mit so einem kleinen Gerät Musik hören konnte.

Die Küchengeräte: Bei dieser Station waren einer modernen Küchenmaschine die alten Geräte gegenübergestellt. Fleischwolf, Mohnmühle, Passiersieb etc. in den unterschiedlichsten Ausführungen

Titel des Projektes
Buchprojekt „Begegnungen"
ProjektpartnerInnen
NÖ Landespflegeheim Berndorf – Haus Theaterpark
HLA/HBLA Baden
Inhalt
Ein Dialog der Generationen über das Leben einst und heute – Essen, Hausarbeit, Freizeit, Arbeit, ...

standen einer der modernsten Haushaltsmaschinen gegenüber. Hier wurde den SchülerInnen auch gezeigt, dass man ohne Küchenmaschine Schnee schlagen kann.

Das Geschirr: Erinnern Sie sich noch an das Lilienporzellan oder die reich verzierten Suppenschüsseln? Ein ganzer Wagen mit altem und neuestem Design war hier zu bewundern.

Die Alltagsdinge: Schreibmaschine, Telefon, alte Zeitungen und vor allem Bilder.

Der Kaffee: Der Höhepunkt der Stationen war aber sicher die Kaffeezubereitung. Über achtzig verschiedene Kaffeemaschinen waren zu sehen. Von der Karlsbader bis zur italienischen Espressomaschine, von der Kaffeemühle bis zur Kathreiner Malzkaffeepackung. Eine besondere Rarität war eine mit Petroleum beheizbare Maschine. Weiteres gab es Kaffeebohnen in allen Röststufen. Es wurde auch Kaffee nach alter Methode gekocht und ausgeschenkt. Daneben stand eine moderne Maschine mit Tabs zur Kaffeezubereitung.

Der Höhepunkt der Stationen während des Workshoptages war die Kaffeezubereitung. Über 80 verschiedene Kaffeemaschinen waren ausgestellt. Es wurde auch Kaffee nach alter Methode gekocht und ausgeschenkt.

Endlich war es soweit

Das Buch war gedruckt und wurde im Rahmen einer Festveranstaltung präsentiert. Das Fest wurde von den SchülerInnen der HBLA Baden ausgerichtet. Sie kochten unter der fachmännischen Leitung unseres Küchenchefs. Am Buffet gab es lauter Gerichte, deren Rezepte auch in dem Buch nachzulesen waren. Die Gäste und HeimbewohnerInnen konnten z.B. zwischen Bohnnockerlsuppe und Spaghetti Bolognese oder Böhmischen Krautpuffern und Blattsalat mit Hühnerstreifen wählen. Dazu servierten die Jugendlichen die passenden Weine.

Wir alle werden die Wochen dieser fruchtbaren Zusammenarbeit nicht vergessen. Es war ein Erlebnis für alle Beteiligten.

Die Buchpräsentation mit der Autorin Annelore Jarisch war der krönende Abschluss des Projektes im Haus Theaterpark.

ALTE KINDERREIME GEMEINSAM NEU ENTDECKEN

Beobachtungen im privaten und familiären Umfeld zeigen, dass alte Kinderreime und Fingerspiele in den Familien von Generation zu Generation weitergetragen werden. Auch bei Babyschwimmkursen, die derzeit sehr im Trend liegen, gehören einfache Reime und Lieder zum Begrüßungsritual und zu allerlei Übungen. Schon Babys lieben Fingerspiele und Reime. Fasziniert beobachten sie die Hände und lauschen auf die Melodie der einfachen Verse. Schnell sind die Worte vertraut und die einfache Verbindung von Sprachmelodie und Fingerbewegungen schult Koordination und Wahrnehmung.

Zum Thema „Fingerspiele und Kinderreime" befragt, konnten einige BewohnerInnen des Landespflegeheimes Melk spontan alte Verse aus ihrem Gedächtnis reproduzieren. Die Reime bewahren über alle Generationen hinweg ihre Ursprünglichkeit und werden nur mit geringfügigen Unterschieden weiter überliefert. Angeregt durch die Erinnerung an in längst vergangener Zeit gespielter Spiele, erzählten die BewohnerInnen auch viel über die eigenen Kinder und Enkelkinder.

So entstand der Gedanke, die älteste und die allerjüngste Generation in Kontakt treten zu lassen, um diese unkomplizierte und unterhaltsame Spielform gemeinsam auszuprobieren.
Es war nicht so schwierig, junge Mütter zu finden, die bereit waren, sich mit ihren Kleinsten auf ein Kennenlernen mit den BewohnerInnen des Landespflegeheims Melk einzulassen. Abwechslungsreiche Spielenachmittage, hinaus aus dem Alltag, das hörte sich gut an.

Ein erster Termin wurde geplant – und wieder abgesagt. Der Jahreszeit entsprechend schlugen grippale Infekte zu und setzten vorerst die kleinen ProtagonistInnen außer Gefecht. Groß die Enttäuschung bei den BewohnerInnen, aber auch die Anteilnahme, dass die ihnen doch noch unbekannten Kleinen wieder rasch gesunden sollen. Die Zwischenzeit wurde jedoch sinnvoll genutzt. Immer mehr wurde nach alten Reimen gesucht

*Das ist der Daumen,
der schüttelt die Pflaumen,
der hebt sie auf,
der trägt sie nach Haus,
und der Kleine isst sie alle, alle auf.*

Titel des Projektes
Alte Kinderreime gemeinsam neu entdecken
ProjektpartnerInnen
*NÖ Landespflegeheim Melk
Mütter mit ihren Kleinkindern aus der Region*
Inhalt
Begegnung zwischen HeimbewohnerInnen und Müttern mit Kleinkindern mit Hilfe von Kinderreimen

und vieles ließ sich aus der Erinnerung hervorholen. Eine der Bewohnerinnen wurde plötzlich von Aufregung gepackt: Es könnte doch passieren, wenn die Kleinen dann da sind, dass ihr ihr Gedächtnis einen Streich spielen würde. Das wäre schlimm, wenn ihr aus Nervosität kein einziger Reim mehr einfiele. Um alle Eventualitäten auszuschließen, wurden nun die Reime schriftlich festgehalten. Mit großen Buchstaben getippt und mit bunten Bildern gestaltet entstanden unsere Gedächtnisstützen. Abschließend wurde jeder Reim noch laminiert, damit waren alle Texte und Bilder gesichert und auch für neugierige Kinderhände haltbar genug.

Dann endlich wurde das erste Treffen Realität. In Begleitung ihrer Mütter kamen ein Bub und ein Mädchen, beide ein Jahr alt, zu Besuch. Bedenken von wegen Scheu vor fremden Menschen in einer noch dazu neuen Umgebung erwiesen sich gleich zu Beginn als überflüssig. Die beiden sehr selbstbewussten Persönchen zeigten nichts außer Neugierde! Von Schüchternheit keine Spur, klappte die Kontaktaufnahme zu unseren Bewohnerinnen und Bewohnern von Anfang an. Die Kleinen genossen offensichtlich die viele und liebevolle Aufmerksamkeit, die ihnen geschenkt wurde. Es blieb nicht bei den vorbereiteten Fingerspielen und Reimen, ein Bewohner begann spontan einige Lieder zu singen.

So bildete sich in kürzester Zeit eine nette Gemeinschaft zwischen den SeniorInnen, den Kindern und den jungen Müttern, und aus einer geplanten Stunde wurden zwei. Erlebnisse und Erfahrungen mit Kleinkindern wurden ausgetauscht. Diese Zeit nutzten die Kleinen zu einer Erkundungstour der näheren Umgebung. Am Ende stellten beide Mütter fest, dass dieser Nachmittag auch ihnen viel Freude gemacht hat und es entstand der Entschluss, nun öfters zu kommen und auch andere Freundinnen mit Kindern zum Mitmachen anzuregen. Angenehmer Nebeneffekt für die Mütter: Bereits am Weg nach Hause schliefen die quirligen Kleinen tief und fest!

Erst so, dann so, dann so,
so springt der freche Floh.
Erst auf den Tisch,
dann auf den Topf,
zum Schluss dem Paul auf den Kopf.

Mit der Hand immer höher springen –
und am Ende auf den Kopf des Kindes.

Ein kleines Kribbel-Krabbeltier,
das krabbelt schnell von mir zu dir.
Es krabbelt hoch auf deinen Kopf.
Dort macht es dreimal klopf, klopf, klopf.

Den Arm des Kindes hochkrabbeln.
Dreimal leicht auf den Kopf klopfen.

JUGENDZENTRUM A-TOLL: JUNG TRIFFT ALT

Dass Begeisterung keine Altersgrenze kennt, zeigte der Besuch der BewohnerInnen des Landespflegeheimes Amstetten im Jugendzentrum A-Toll

Seit dem Frühjahr 2012 zählt das Jugendzentrum A-Toll zum Netzwerk des Landespflegeheimes Amstetten. Im März fand ein erster Generationenaustausch mit Kaffeekränzchen, Führung durch die Räumlichkeiten und gemeinsamem Spiel statt.

Der Nachmittag verflog im Nu und weckte so manche Jugenderinnerung bei den BewohnerInnen des Landespflegeheimes. Wer die Begeisterung in ihren Gesichtern gesehen hat, weiß: Alles was Spaß macht, hält jung!

„Unsere Jugendlichen zeigten zum Großteil Respekt vor den BesucherInnen des Landespflegeheimes Amstetten, einige setzten sich mit den älteren Leuten bei Kaffee und Kuchen zusammen. Später gab es noch ein kurzes Wuzzelturnier – Jung gegen Alt. Uns war es wichtig, eine gemütliche Atmosphäre bei diesem Generationenaustausch zu schaffen!", erzählt Christiane Lang vom Jugendzentrum A-Toll.

Du bist so jung

wie deine Zuversicht,

so alt wie deine Zweifel,

so jung wie deine Hoffnung,

so alt wie deine Verzagtheit.

Albert Schweitzer

Titel des Projektes
Jung trifft Alt im Jugendzentrum A-Toll
ProjektpartnerInnen
NÖ Landespflegeheim Amstetten
Jugendzentrum A-Toll
Inhalt
Generationenaustausch: Kaffeekränzchen, Führung durch die Räumlichkeiten und gemeinsames Spielen

EIN HOCHBEET VERBINDET GENERATIONEN

Die SchülerInnen der Hauptschule II Wienerstraße Poysdorf bauen ein Hochbeet für die BewohnerInnen des Pflegeheimes Haus der Barmherzigkeit

Im Herbst 2011 startete in Poysdorf das Projekt „Soziales Engagement macht Schule". Ideen und Initiativen sollten entwickelt werden, um ältere, kranke und sozial schwache Menschen zu unterstützen und ihnen Aufmerksamkeit und Zeit zu schenken. Seither finden zahlreiche Projekte zwischen den örtlichen Hauptschulen und dem Pflegeheim Haus der Barmherzigkeit Poysdorf statt. Der Kontakt zwischen den älteren Menschen und den Jugendlichen wird meist durch gemeinsames Singen, Basteln, Backen und Vorführungen der SchülerInnen hergestellt und in den Unterricht integriert.

Im praxisorientierten Werkunterricht der Hauptschule II Wienerstraße Poysdorf wurde in einem Projekt ein Hochbeet im Vorgarten des Pflegeheimes aufgestellt. Die SchülerInnen waren mit großem Eifer bei der Arbeit. Das Projekt wurde von allen Beteiligten mit viel Freude aufgenommen.

Erlebnisse eines Hochbeetes

Gut verpackt und eigentlich nutzlos fühlte ich mich im Lager des Bauhauses, bis ich endlich in ein Auto geladen wurde und meine Reise begann. Wo wird man mich hinbringen? Was und wer erwartet mich dort? Schon nach einer halben Stunde war ich am Ziel – und wieder wurde ich in ein Lager gebracht. Nach wenigen Tagen wurde ich von meiner Verpackung befreit und durfte erstmals warme Sonnenstrahlen genießen. „Ist das schön, einfach hier in der Sonne zu liegen", dachte ich. Bald erfuhr ich, dass dies nicht meine Bestimmung war.

SchülerInnen der Hauptschule II Wienerstraße Poysdorf begutachteten mich und legten Hand an mir an. Sie haben gedreht und gewendet, zusammengesteckt, gehämmert und geschraubt, bis ich endlich Ähnlichkeit mit dem der Verpackung beigelegten Plan hatte.
Einige ältere Damen beobachteten das Geschehen skeptisch. Leider konnte ich nicht verstehen was sie redeten, sie waren viel zu weit weg. Erst als die Kinder mit mir fertig waren, begriff ich, dass sie mich im praxisorientierten Werkunterricht für die BewohnerInnen des Pflegeheimes Poysdorf zusammengebaut hatten. Generationen verbindend stand ich nun – zwar noch leer, aber trotzdem stolz - im Vorgarten des Pflegeheimes. Gleich am nächsten Tag wurde ich mit Ästen, Grünschnitt und Komposterde befüllt. Nach ein paar Säcken Blumenerde und einigen Gemüsepflanzen fühlte ich mich endlich vollendet. Wahrscheinlich bin ich eines der meistfotografierten Hochbeete der Welt und der Gedanke, ein wesentlicher Bestandteil des Projektes „Generationen verbinden" zu sein, gefällt mir.

Jeden Tag kommt zumindest eine der HeimbewohnerInnen und gießt meine Pflänzchen. Ich bin sehr zufrieden und eine Zierde für den Vorgarten, wie ich immer wieder höre.

Titel des Projektes
Soziales Engagement macht Schule - Ein Hochbeet verbindet Generationen
ProjektpartnerInnen
Pflegeheim Haus der Barmherzigkeit Poysdorf
Hauptschule II Wienerstraße Poysdorf
Inhalt
Errichtung eines Hochbeetes

EIN KULINARISCHES FESTESSEN MIT ERINNERUNGEN ...

In Retz gehört es schon zur Tradition, dass sich Schulen in den Veranstaltungskalender des Heimes miteinbringen. Sie sind stets gern gesehene Gäste.

Ein besonderes Highlight ist das jährliche Festessen der Interkulturellen Fachschule für Tourismus. Seit fast zehn Jahren verwöhnen sie die BewohnerInnen des Landespflegeheimes einmal jährlich mit einem besonderen kulinarischen Menü. Für die SchülerInnen ist es ein erster Versuch sich im Gastgewerbe zu bewähren. Sie verwandeln den Speisesaal in ein Nobelrestaurant, zaubern ein 4- gängiges Menü mit ihren AusbildnerInnen und servieren die Köstlichkeiten gekonnt und charmant. Auch für Live Musik ist stets gesorgt. Die BewohnerInnen sind natürlich begeistert, für manche ist so ein stimmungsvolles Festessen auch etwas ganz Neues.

In dieser besonderen Atmosphäre tauchen lustige und traurige Geschichten aus der Biografie der BewohnerInnen auf und werden erzählt. So gibt es für beide Seiten eine Win–win Situation. Es entsteht zwischenmenschliche Begegnung und das Heim wird zum Kommunikationszentrum für Alt und Jung.

Der in ein Nobelrestaurant verwandelte Speisesaal lässt Erinnerungen an besondere Momente im Leben hochkommen

In meinem Brautstrauß waren Hollerblüten

Beim Tischgespräch während des Festessens erzählt Frau Frieda Fössl ihrer jungen Tischnachbarin von ihrer Hochzeit.

„Hier ist alles so schön. Wissen Sie, ich habe 1947 geheiratet. Nach dem Krieg gab es gar nichts. Mein Hochzeitskleid war aus einer Steppdecke. Es gab nichts, nicht einmal Stoffe.

Meine Firmpatin in Linz wusste Rat. Dort gab es in einem Geschäft noch Altbestände an Steppdecken. Früher waren die Steppdecken mit Seidenbrokat überzogen, ich glaube so hieß dieser Stoff. Jedenfalls war der Stoff matt aber mit einem glänzenden Muster, mit kleinen Blümchen, indirekt gewebt. Das einzige Problem, sie waren alle ockerfarben. Meine Firmpatin kaufte zwei dieser Decken, trennte den Seidenbrokat herunter, färbte ihn dunkelblau und schneiderte mir ein wunderschönes Kleid für die Hochzeit. Aus einem alten Sommermantel schneiderte sie auch noch ein Bolero dazu.

Und in meinem Brautstrauß waren Hollerblüten, es war trotzdem wunderschön.

Titel des Projektes
Kulinarisches Festessen
ProjektpartnerInnen
NÖ Landespflegeheim Retz
Interkulturelle Fachschule für Tourismus Retz
Inhalt
Ein jährliches Festessen mit 4-gängigem Menü verwandelt den Speisesaal in ein Nobelrestaurant und weckt alte Erinnerungen

Der alte Waschtisch wurde in eine Hochzeitstafel verwandelt. Mit weißen Leintüchern wunderschön gedeckt. Zu Essen hatten wir genug, sogar Torten zauberten meine Firmpatin und meine Mutter.

Obwohl wir nicht so viel hatten, waren wir alle glücklich. Ich glaube glücklicher als die Leute heute bei diesem Überfluss sind."

DU UND ICH – SIND WIR ZUSAMMEN

Im SeneCura Sozialzentrum Gafenwörth ist ein Kindergarten eingerichtet. Die Kindergartenkinder beleben das Haus durch vielfältige Aktivitäten. Dazu zählen eine dreimal wöchentlich stattfindende Spielstunde in den Wohngruppen, das Geburtstagsständchen singen, das gemeinsame Feste feiern und vieles mehr. Zu Mittag kommt die örtliche Volksschule zum Mittagessen in den großen gemeinsamen Treffpunkt. Der Polytechnische Lehrgang besucht das SeneCura Sozialzentrum Grafenwörth vierzehntägig bei der Aktivität „Stammtisch", der dann unter dem Motto „Einst und Jetzt" steht. Die BewohnerInnen erzählen den SchülerInnen welche Werte früher zählten und wie sich damals das Leben gestaltete. Die Kinder lauschen und staunen über so manche Erzählung. Das gegenseitige Aufeinander-Zugehen und das Wiedergeben der persönlichen Erfahrungen vermittelt beiden Generationen Eindrücke vom Leben der jeweils anderen. Gemeinsames praktisches Arbeiten wie Blumen einsetzen oder Krapfen backen sorgen für Abwechslung. Im Zuge des Generationenwettbewerbes des Landes Niederösterreich gestaltet die Seniorenbetreuung mit Hilfe der Kooperationspartner ein Geschichtenbuch als Zeichen der guten Zusammenarbeit. Das Konzept des Buches basiert auf gezeichneten Bildern und selbstgeschriebenen Erzählungen der SchülerInnen. Als Vorgabe diente auch die Auseinandersetzung mit den eigenen Großeltern im Zuge des Generationenaustausches. Die BewohnerInnen lesen den Kindergartenkindern aus dem gemeinsam geschaffenen Buch vor und verbringen so schöne, wertvolle Zeit miteinander.

Im SeneCura Sozialzentrum Grafenwörth entstand ein gemeinsames Geschichtenbuch für Jung und Alt.

Titel des Projektes
Du und Ich - sind Wir zusammen
ProjektpartnerInnen
*SeneCura Sozialzentrum Grafenwörth
Polytechnischer Lehrgang Etsdorf
Hauptschule Grafenegg
Volksschule Kirchberg am Wagram
Volksschule Grafenwörth
NÖ Landeskindergarten Grafenwörth
– SeneCura*
Inhalt
Ein Kurzgeschichtenbuch, das die die Wertschätzung der Generationen widerspiegelt, wurde von Schul- und Kindergartenkindern in einer für die BewohnerInnen gut lesbaren Schriftgröße geschrieben und gestaltet.

*Das Märchen Atlantis aus dem Geschichtenbuch in Grafenwörth stammt von Julia Lang, 9 Jahre. Sie ist Schülerin der Volksschule Kirchberg am Wagram.
Ihre Hobbys: Lesen, Malen
Berufswunsch: Lehrerin*

Atlantis

Es gab einmal mitten im Meer eine Insel. Auf dieser Insel herrschte der gütige König Fabian. Neben dieser Insel lag noch eine andere kleinere Insel, auf der eine böse Hexe lebte. Diese wollte alle Macht an sich reißen. Deshalb ging sie zu Fabian und bat ihn, ihr die Insel, die übrigens Atlantis hieß, zu verkaufen. Als Fabian sich weigerte, wurde sie sehr wütend. Sie lief zu sich nach Hause und dachte sich einen hinterhältigen Plan aus. Wenig später musste der König wegen einer wichtigen Sache ans Festland. Als Fabian weg war, schlich sich die Hexe auf die Insel und in den Palast. Sie belegte das Lieblingstrinkglas des Königs mit einem Zauber, sodass es explodieren würde wenn es mit Wasser zusammentrift. Kurz darauf kam der König zurück. Er hatte großen Durst, ließ Wasser holen und füllte sein Glas. In diesem Augenblick krachte es und die Insel sank auf den Meeresgrund. Die Stadt aber war so gut gebaut, dass sie vielleicht noch heute dort unten liegt.

Eine schöne Zeit

Aktives Altern und Solidarität zwischen den Generationen – Das PTS-Grafenegg fuhr jede 2. Woche für einen Vormittag ins SeneCura Sozialzentrum Grafenwörth.

Meine Klassenkollegen, ich und meine Lehrerin spielten Spiele und unterhielten sich mit den alten Leuten. Wir redeten über Sachen, die es früher gab und heute noch immer gibt, die sich aber mit der Zeit verändert haben. Ein ganz besonderes Thema waren die Puppen. Früher gab es Celluloid Puppen, heute nur mehr ganz einfache Plastik Puppen. Man hatte nur eine Puppe und die war besonders wertvoll und wurde gehegt und gepflegt.
Einmal gestalteten wir Plakate mit dem Thema: „Jung und Alt". Ich durfte mit einer Bewohnerin alleine ein Plakat machen. Wir klebten Bilder auf von Puppen, Kinderwägen und Spielzeug, malten die Bilder an und schrieben verschiedene Texte darunter. Die Plakate wurden in dem SeneCura Heim ausgestellt. Dazu wurden auch noch Fotos von uns gemacht, wie wir alle Spaß hatten bei der Arbeit. Wir unterhielten uns mit den BewohnerInnen über früher, wie es mit dem Helfen zu Hause war. Früher mussten die Kinder immer mithelfen, die Mädchen den Müttern im Haushalt und die Burschen am Acker, mit den Tieren, beim Ernten oder am Feld mitarbeiten. Bei manchen Familien war es so, dass sie bis zu 6 Kinder hatten, die alle mithelfen mussten. Heutzutage ist das nicht mehr so, es arbeiten nur mehr die Eltern oder Großeltern. Viele Familien haben nur mehr ein bis zwei Kinder.
Das SeneCura Heim Grafenwörth hat einen wunderschönen, großen Garten. Als es schöner wurde im Frühling, fuhren wir öfters mit den BewohnerInnen in den Garten und genossen die Sonne. Ich persönlich fand dieses Jahr sehr abwechslungsreich, mir hat es Spaß gemacht mit den älteren Menschen zu arbeiten und vieles zu erfahren wie es früher war. So habe ich mir das nicht vorgestellt, doch jetzt wurde mir einiges klar, wie viel man früher arbeiten musste und wie sich alles verändert hat in diesen Jahren und wie gut es uns geht.

Sabrina Weglehner, 15 Jahre

Juniors & Seniores

Seit 10 Monaten fahre ich 14-tägig mit meiner Schülergruppe in das SeneCura Sozialzentrum Grafenwörth, um dort Kontakt mit den BewohnerInnen zu pflegen. Beim ersten Besuch war ich ziemlich verunsichert was mich dort erwarten würde. Ich hatte Angst davor, Dinge zu sehen die ich nie zuvor gesehen hatte. Zum Beispiel war ich ziemlich schockiert, als ich zum ersten Mal einen Urinsack sah. Mittlerweile ist mir dieser Anblick völlig egal. Es macht mir Spaß, dass wir alle 14 Tage mit älteren Leuten spielen, in den Garten gehen, tratschen, basteln und backen. Ich habe gelernt, dass ich lauter, langsamer und deutlicher sprechen muss. Außerdem habe ich gelernt, die BewohnerInnen in ihrer Eigenart und Besonderheit anzunehmen wie sie sind.
Für mein Alter stelle ich mir vor, dass ich mindestens 80 Jahre werde, bis zum Tode gesund zu Hause leben kann, ohne Gehhilfe auskomme und nicht einsam werde.

Stephanie-Theresa Berger, 15 Jahre

Auch Gedichte entstanden in der Begegnung der Generationen im SeneCura Solzialzentrum Grafenwörth

Jung und Alt

Egal, ob jung,
egal, ob alt,
in jeder Generation
zählt der Zusammenhalt!
Lernen kann man
von beiden,
von Alt das Malen mit den Kreiden,
von Jung
das Skateboard sliden!
Ohne Jung und ohne Alt,
hätten die Älteren keinen Schwung
und die Jüngeren wären kalt!
Alte Leute
sind meist höflich,
vielleicht wäre das auch
bei den Jungen möglich!

Sebastian Jexenflicker, 14 Jahre

Auch Gedichte sind in der Begegnung der Generationen im SeneCura Solzialzentrum Grafenwörth entstanden.

Träume der Verbundenheit

Ein kristallklarer Traum,
eine Ewigkeit so zart,
eine schwache Stimme so wie der Wind –
ruft hoch vom Himmel her nach mir.
Wenn wir losfliegen,
können wir überall hin.
Wenn ein Bruchstück der Zukunft
Zwischen verbundenen Händen zu sehen ist,
dann strahlt im Licht alles.
Worte und Gedanken hin und her.
Ich werde sie dir sicher geben
aus der Entfernung,
ohne das Geringste zurückzulassen.
Der Hügel, an dem du einmal heruntergegangen bist,
ist mit Lichtflecken bedeckt.
Ich war hier nie allein.
Wir redeten über herzerwärmende Erinnerungen.
Du warst die Einzige,
die immer für mich da war.
Meine Augen beginnen wegen des Windes zu tränen,
du bist eine ferne Gestalt.
Trotz aller Veränderungen werde ich mich immer an dich erinnern
auf immer und ewig werde ich dein Licht in mir tragen,
egal was kommen mag.

Sandra Kail, 14 Jahre

Der Generationenaustausch im SeneCura Sozialzentrum Grafenwörth ist ein Gewinn für alle.

Mein Opa ist für mich ein richtiger Freund und meine Oma bäckt den besten Mohnkuchen.
Michael Zach

Oft frage ich mich, wie es wäre, wenn wir – die heutigen Kinder – genau so leben würden wie die Jugend vor 60 Jahren. Würde es auf der Welt friedlicher sein, ohne Computer, Handy, Fernsehen und all die elektronischen Geräte.
Stefanie Haag

Ich bewundere meinen Opa sehr, er ist noch so lebenslustig und voller Leben!
Manuel Zapina

Ich schätze meinen Opa auch sehr, weil er jeden Tag gleich gut gelaunt ist.
Melanie Groll

Von der „Denk-Oma" habe ich gelernt, dass der Spruch: „Nach Regen folgt wieder Sonnenschein" meistens zutrifft und dass man in Würde altern kann, ohne sich alt zu fühlen, denn im Herzen bleibt man jung.
Philipp Kretz

Das Rätsellösen oder Lesen kann die geistige Frische lange erhalten.
Veronika Wieser

Für seine 70 Jahre ist Opa noch sehr flott mit seinem Fahrrad unterwegs und fährt manchmal sogar schneller als ich.
Melanie Groll

Meine Urgroßmutter ist zwar alt, aber immer noch sehr aktiv! Ich bewundere sie, weil sie im Garten die Äpfel vom Baum herunter holt. Außerdem verwöhnt sie mich auch mit Kompott, Suppen, Schnitzel, Kuchen und vielen anderen köstlichen Gerichten.
Alexander Barnet

Ich mag meine Urgroßmutter gern, weil sie immer so nett ist zu mir. Deswegen bekommt sie auch regelmäßig Besuch!
Alexander Barnet

Im Herbst klaubt Opa die Äpfel von den Bäumen in seinem Garten und presst daraus Apfelmost, den er mir schon einmal kosten hat lassen.
Katharina Hagmann

Mein Opa bewegt sich im Gegensatz zu meiner Oma nicht so viel, außer beim jagen. Meine Oma ist sehr agil, sie kocht, putzt, geht einkaufen und wenn mein Bruder und ich bei ihr sind, erledigt sie auch für uns alles! Wir sagen ihr oft, sie soll sich hinsetzen, doch sie erwidert dann, dass sie es so machen will.
Florian Pulker

Von meiner Oma kann man lernen wie man jemanden mit voller Kraft und Fürsorge zu unterstützen versucht.
Philipp Schredl

SAUERKRAUT UND APFELSTRUDEL

Ein Schwerpunkt des Landespflegeheimes Wiener Neustadt in der generationenübergreifenden Zusammenarbeit mit der Kindergruppe „Hand in Hand" ist das gemeinsame Backen und Kochen. Bei den HeimbewohnerInnen werden Erinnerungen geweckt, die Kinder lernen unterschiedlichste Lebensmittel kennen und damit umzugehen. Beide Generationen gewinnen neue kulinarische Eindrücke.

Kinder und alte Menschen lieben Reime und Verse und jede Generation übermittelt diese Sprachspiele der nächsten. So entstand der Gedanke, einen besonderen Zugang zum Kochen zu schaffen und Verse, Reime sowie Gedichte über dieses Thema zu sammeln und mit den kulinarischen Aktivitäten zu verbinden.

Verse und Reime

Verse und Reime zum Thema Kochen verbinden im Landespflegeheim Wiener Neustadt Jung und Alt.

Schau, da läuft die kleine Maus
flink aus ihrem Mäusehaus.
Zucker, Butter, Mehl und Eier
kauft sie heute bei Frau Meier.
Dann flitzt Sie aus dem Laden raus
zurück in ihr Mäusehaus.
Wer möchte, darf sie dort besuchen.
denn heute backt sie Zuckerkuchen.

Morgens früh um sechs
kommt die kleine Hex'.
Morgens früh um sieben
schabt sie gelbe Rüben.
Morgens früh um acht
wird Kaffee gemacht.
Morgens füh um neun
geht sie in die Scheun'.
Morgens früh um zehn
holt sie Holz und Spän',
feuert an um elf,
kocht dann bis um zwölf.
Fröschebein und Krebs und Fisch,
hurtig Kinder, kommt zu Tisch!

Apfelstrudel, Apfelstrudel essen alle Leute gern.
Große Leute, kleine Leute, Damen und auch Herrn.
Schneide, schneide Äpfel klein, rolle, rolle Strudel ein,
streue, streue Zucker d'rauf und dann essen wir ihn auf.

Zehn kleine Fische
schwimmen heut zu Tische
Reichen sich die Flossen,
dann wird kurz beschlossen:
jetzt nicht mehr zu blubbern,
stattdessen was zu futtern.
Drum singen alle mit:
Guten Appetit!

Titel des Projektes
Sauerkraut und Apfelstrudel
ProjektpartnerInnen
NÖ Landespflegeheim Wr. Neustadt
Kindergruppe „Hand in Hand"
Wr. Neustadt
Inhalt
Alte Kinderreime zum Thema „kochen" schaffen eine Verbindung zwischen den Generationen und zum Kochen.

Backe, backe, Kuchen,
der Bäcker hat gerufen!
Wer will gute Kuchen backen,
der muss haben sieben Sachen:
Eier und Schmalz,
Butter und Salz,
Milch und Mehl,
Safran macht den Kuchen gel!
Schieb, schieb in den Ofen ‚rein,
der Kuchen wird bald fertig sein.

Da ist die Kirsche Kugelrund,
da ist die Kirsche Kerngesund,
da ist die Kirsche Zuckerhut,
da ist die Kirsche Garsogut
und die Kleinste ist die Beste.
Da kommt der Spatz aus seinem Neste,
rupft und zupft, reißt und beißt,
bis er sie alle hat verspeist.

EINE REISE IN DIE VERGANGENHEIT

Die Allgemeine Sonderschulklasse (ASO) der Volksschule Weitra und das Landespflegeheim Weitra verbindet schon eine zehnjährige Partnerschaft. Einmal monatlich finden gemeinsame Aktivitäten statt. Anlässlich des zehnjährigen Jubiläums wurde ein gemeinsamer Ausflug ins Bauernmuseum Altmelon geplant.

Das Bauernmuseum, das von Familie Wagner in mühevoller Kleinarbeit zusammengestellt wurde, eröffnete den BesucherInnen einen guten Einblick in die bäuerliche Welt der Vergangenheit. Hier gab es viel zu entdecken: Leiterwagen, eine alte Milchmaschine, eine Kinderstube aus der Vergangenheit, Kreuzpflug, alte Motoren, Traktoren, landwirtschaftliche Geräte, Kleider aus der Kriegszeit und vieles mehr. Sowohl Arbeitsmittel als auch Kleidung vermittelten einen Eindruck des beschwerlichen Alltags in der Umgebung. Besonders sehenswert war die Sammlung bäuerlicher Arbeitsmaschinen, insbesondere die alten Verbrennungsmotoren.

Für die BewohnerInnen des Landespflegeheimes Weitra weckten viele Ausstellungsstücke Erinnerungen wach. Mit großer Begeisterung begannen sie, den Kindern diverse Gegenstände zu erklären und ihnen zu zeigen, was und wie früher damit gearbeitet wurde.
Der Ausflug endete mit einem gemeinsamen Mittagessen.

Beim nächsten Zusammentreffen der SchülerInnen und BewohnerInnen erzählte Frau K. wie ein Waschtag auf dem Bauernhof, auf dem sie aufgewachsen ist, genau vor sich gegangen ist.

Ein Waschtag in der Kindheit von Frau K.

Die ganz schmutzige Wäsche wurde schon am Vortag in einen Waschtrog mit Wasser und Seifenlauge gelegt. Wasserleitung gab

Früher wurde die gekochte Wäsche im Waschtrog auf einem gerippten Blech, der Waschrumpel, geschrubbt. Diese mühsame, händische Arbeit war bis in die 40er Jahre des 20. Jahrhunderts und im bäuerlichen Bereich noch länger der übliche Standard. Erst in den 50ern übernahm die Waschmaschine diese strapazierende Frauenarbeit.

Titel des Projektes
Eine Reise in die Vergangenheit
ProjektpartnerInnen
*NÖ Landespflegeheim Weitra – Nordwaldheim
Allgemeine Sonderschulklasse (ASO) der Volksschule Weitra*
Inhalt
Gemeinsamer Besuch des Bauernmuseums in Atmelon und ein Waschtag, wie in der Kindheit der BewohnerInnen des Landespflegeheimes Weitra.

es damals keine im Haus, das Wasser wurde vom Brunnen geholt. Am Waschtag, der alle zwei Wochen stattfand, musste schon früh aufgestanden werden um den Waschkessel anzuheizen. Hier wurde die weiße Wäsche gekocht. Für die anderen Wäschestücke wurde ein Waschtrog mit Wasser hergerichtet und die Wäsche auf einer Waschrumpel fest gescheuert, damit sich der Schmutz löste. Zwischendurch musste immer wieder eingeseift werden. Bei hartnäckigen Flecken wurde die Reißbürste verwendet. Oft war es notwendig den Vorgang zu wiederholen.

Wenn die Wäsche sauber war, wurde sie ausgewunden und in einen Wäschekorb gegeben. Der Korb musste mit einem Handwagerl zum Bach transportiert werden. Dort wurde die Wäsche geschwemmt. Frau K. lächelte und meinte: "Es ist auch mal vorgekommen, dass ein Wäschestück aus der Hand geglitten und den Bach hinunter geschwommen ist. Da hat meine Mutter dann sehr geschimpft!"

Im Winter war das Wasser oft so kalt, dass man seine Hände gar nicht mehr gespürt hat. Meist wurde von zu Hause daher eine Kanne mit warmem Wasser mitgenommen, um sich darin die Hände ein wenig aufzuwärmen. An sehr kalten Tagen ist auf der Fahrt nach Hause die Wäsche oft gefroren und musste erst in einen warmen Raum gestellt werden, bevor sie aufgehängt werden konnte.
Während Frau K. erzählte, pflichten ihr immer wieder auch andere Bewohnerinnen bei und bestätigen wie mühsam so ein Waschtag war.

Dann wurde aus der Nostalgieecke des Heimes ein Waschschaff und eine Waschrumpel geholt und Frau K. demonstrierte den Kindern wie sie das früher gemacht hatte. Auch die Kinder durften ausprobieren mit der Waschrumpel zu waschen und waren mit großem Eifer dabei.
Bei einer gemeinsamen Jause und noch vielen Plaudereien fand dieser Vormittag seinen Ausklang.

GESCHICHTSUNTERRICHT MIT ZEITZEUGINNEN

Erstmals wurde 2012 von der Österreichischen Präsidentschaftskanzlei ein Geschichtswettbewerb ausgeschrieben. Thema dieses Wettbewerbs war die Alltagsgeschichte unmittelbar vor und nach der Ausrufung der Zweiten Republik durch die Provisorische Staatsregierung und deren Gründungsparteien ÖVP, SPÖ und KPÖ am 27. April 1945

Das Bundespräsidentenamt hatte unter dem Titel „Zwischen Gewalt und Hoffnung: Kriegsende und Wiederaufbau der II. Republik 1945" einen Geschichtswettbewerb ausgeschrieben. Ziel der Arbeiten sollte es sein, die Lebensumstände um das Ende des Zweiten Weltkrieges anhand lokaler Erfahrungen im heutigen Wohnumfeld der SchülerInnen – Gemeinde, Stadt, Bezirk oder Bundesland – zu recherchieren, dokumentieren und vor allem auch eigenständig zu interpretieren.

Teilgenommen haben daran auch die SchülerInnen der 6ten Klassen des Realgymnasiums und Oberstufenrealgymnasiums St. Pölten (BRG/BORG) im Rahmen des Wahlpflichtfaches „Gesellschaft-Wirtschaft-Raum" (GWR). Um von der Nachkriegszeit nicht nur aus Büchern oder aus dem Internet zu erfahren, haben sich die Jugendlichen im Sinne der Aufgabenstellung des Wettbewerbes vorgenommen, mit Menschen zu sprechen, die diese Zeit miterlebt haben.

So begaben sich rund 20 SchülerInnen mit unzähligen Fragen im Gepäck ins SeneCura Sozialzentrum Krems Haus Dr. Thorwesten, um ihr Geschichtswissen über die Nachkriegszeit mit Hilfe der älteren Generation zu vertiefen. Die SeniorInnen ließen sich nicht lange bitten und erklärten sich bereit, als ZeitzeugInnen zur Verfügung zu stehen. Die SchülerInnen erlebten Geschichtsunterricht zum „Anfassen", der viele Inhalte greifbarer, verständlicher und realer machte, erweitert um viele sehr persönliche und bewegende Geschichten der BewohnerInnen.

Das Projekt war so auch von einem starken sozialen und menschenbildenden Aspekt geprägt und ging weit über die Wissensbildung hinaus. Auch die Scheu vor dem Zusammentreffen mit dem Alter konnte relativiert werden. „Das Sozialzentrum Krems schlägt jedes Klischee, das über Altersheime existiert, in den Wind", erzählt Schüler Florian Schneeweiß. „Man fühlt sich in diesem Gebäude total wohl, das hatte ich mir nicht erwartet – und statt einer Geschichtsstunde in der Schule mit

Titel des Projektes
Zwischen Gewalt und Hoffnung: Kriegsende und Wiederaufbau der II. Republik 1945
ProjektpartnerInnen
SeneCura Sozialzentrum Krems – Haus Dr. Thorwesten
Realgymnasium und Oberstufenrealgymnasium St. Pölten
Inhalt
Interviews mit ZeitzeugInnen im Rahmen des des Wahlpflichtfaches „Gesellschaft-Wirtschaft-Raum" (GWR) der 6ten Klassen

den älteren Herrschaften über die Vergangenheit zu plaudern ist einfach cool". Der Schüler Christian Hummel meinte ergänzend: „Die Gespräche haben alle unsere Erwartungen übertroffen". Auch die BewohnerInnen haben den Tag im Gespräch mit den jungen Menschen sehr positiv erlebt. „Es war eine wirklich schwierige Zeit für uns damals und ich wünsche mir sehr, dass keine Generation jemals mehr so etwas durchmachen muss, aber vor allem, dass endlich aus den Fehlern der Vergangenheit gelernt wird", erzählte eine Zeitzeugin.

Das unmittelbare Gespräch mit Menschen, die diese schwierigen Nachkriegsjahre hautnah miterlebt haben, zeichnete ein unvergleichliches Bild der Geschehnisse. Nachhaltiger und praxisorientierter kann Geschichte kaum vermittelt werden, das hat das Projekt zur aktiven Wissensvermittlung und die Zeitzeugenbefragungen gezeigt. Die BewohnerInnen freuten sich auf das Zusammentreffen mit der jungen Generation. „Die SeniorInnen können so viele Geschichten erzählen und es macht ihnen ungemein viel Freude, diese Erfahrungen an junge Menschen weiterzugeben", berichtete Mag. Claus Dobritzhofer, Heimleiter des SeneCura Sozialzentrums Krems.

Trotz des nicht sehr einfachen und emotional belastenden Themas wurde es ein guter Tag mit sehr zufriedenstellenden Ergebnissen. Alle Beteiligten fühlten sich wohl im SeneCura Sozialzentrum Krems. Es herrschte eine angenehme und entspannte Atmosphäre bei den Zeitzeugeninterviews.

SPIEL UND SPASS IN DER FREIEN NATUR

Seelenbalsam
Balsam der Seele kann allein schon eines Kindes Lächeln sein.
Ein freundlicher Gruß in trüben Tagen kann Licht schnell in die Seele tragen.
Etwas Verständnis für Leid und Schmerz bringt Trost in ein betrübtes Herz.
Das Gefühl „Ich bin nicht allein" kann Balsam für die Seele sein.
(Lothar Lemke)

Wenn die Kinder des benachbarten Landes-Kindergartens im Pflegeheim Waidhofen an der Thaya zu Besuch sind, stehen meist kreatives Gestalten oder gemeinsames Spielen auf dem Programm, Marmelade einkochen, Palatschinken oder Kekse backen oder Singen und vieles mehr. Auch viele Feste im Jahreskreis, wie Maibaumaufstellen, Martinsfeier oder Adventkranzweihe werden im Heim mitgestaltet und mitgefeiert. Es ist schön zu beobachten, mit welcher Freude Kinder und alte Menschen einander begegnen und wie ungezwungen sie miteinander umgehen.

Im Sommer wird auch gerne der Garten des Pflegeheimes genutzt. Gerade die Lebhaftigkeit und Fröhlichkeit der Kinder steckt die BewohnerInnen an und animiert Sie zum Mitmachen. Vielleicht ist es ja ein Vorurteil, dass SeniorInnen nur Ruhe wünschen?
Auch die Kinder gewinnen in dieser Beziehung. Sie bekommen ein Bild davon, wie sich Menschen im Lauf der Zeit verändern und wie man mit alten Menschen umgehen muss.

Die Natur ist Balsam für die Seele

Kinder und BewohnerInnen planten im Sommer einen gemeinsamen Spaziergang mit Spielen und einem Picknick. Zuerst wollte das Wetter nicht mitspielen, doch dann war es soweit. Alt und Jung marschierte Hand in Hand und ohne Berührungsängste zu einem nahen Spielplatz. Ein Rollstuhl war dabei kein Hindernis. Beim gemeinsamen Spiel steckte die Fröhlichkeit der Kinder an und motivierte. Es wurde viel und herzlich gelacht, der Ehrgeiz von Alt und Jung fiel auf. Es schien, als fühlten sich die BewohnerInnen zurückversetzt in die eigene Kindheit. Beim anschließenden Picknick brachten die Kinder - trotz großem Hunger – zuerst den BewohnerInnen die Jause. Jung und Alt unterstützte einander gegenseitig beim Essen. In der freien Natur kamen Sie einander so nahe, wie schon lange nicht mehr!

Auf dem Heimweg sah man in den Gesichtern eine große Freude, sie sprachen mehr als tausend Worte. Auch Lothar Lemke sagte: Die Natur ist Balsam für die Seele.

Titel des Projektes
Spiel und Spaß in der freien Natur
ProjektpartnerInnen
NÖ Landespflegeheim Waidhofen an der Thaya
NÖ Landeskindergarten Waidhofen an der Thaya
Inhalt
Geimeinsamer Spielplatzbesuch

EINE WELLNESS OASE IM PFLEGEHEIM

Um die jungen AbsolventInnen des Berufsschullehrganges für Fußpflege und Kosmetik auf ihr zukünftiges Berufsleben vorzubereiten, ist eine Sensibilisierung im Umgang mit älteren Mitmenschen ein wichtiger Bestandteil ihrer Ausbildung. Aus diesem Grund wurde im Pflegezentrum St. Pölten-Pottenbrunn ein Raum für einen Tag zur „Wellness Oase" umfunktioniert. Begleitet wurden die Schülerinnen von ihrer Fachlehrerin Frau BOL Ursula Seemayer, dem Berufsschuldirektor Herrn BD RR Franz Huber und von Herrn Schulinspektor Ing. Karl Hinert.

Allen BewohnerInnen des Pflegezentrums St. Pölten-Pottenbrunn bot sich in diesem Projekt die Möglichkeit, von den SchülerInnen der Abschlussklasse in den Bereichen Pedi- und Maniküre sowie Kosmetik verwöhnt zu werden. Die HeimbewohnerInnen wurden eingeladen, sich für die angebotenen Behandlungen selbstständig Termine bei den hauseigenen ProjektbegleiterInnen zu holen. Zu diesen Terminen mussten sie sich dann, wie im täglichen Leben, am Empfang des „Wellnessbereiches" anmelden. Eigenständigkeit war also gefragt und wurde durch das Projekt gefördert. Ebenso der Aspekt, etwas zum eigenen Wohlbefinden beizutragen und etwas Gutes für sich selbst zu tun. So konnten positive Emotionen geweckt und Erinnerungen an die eigene Vergangenheit wachgerufen werden. Etwas für das eigene Selbstwertgefühl zu tun ist besonders für alte Menschen in Pflegeeinrichtungen wichtig.

Projekte wie dieses tragen auch wesentlich dazu bei, BewohnerInnen, die keine Angehörigen mehr haben, aus ihrer Einsamkeit und Isolation zu holen. Denn soziale Kontaktarmut kann mitunter eine der größten Herausforderungen in der tägli-

Die Wellness Oase im Pflegezentrum pottenbrunn ist eine Wohltat für die BewohnerInnen und eine Sensibilisierung der SchülerInnen für den Umgang mit älteren Menschen

chen Arbeit in Heimen sein. Ein wichtiger Aspekt des Projektes war es daher, die Einsamkeit dieser Menschen zu unterbrechen.

Wir wünschen uns, dass dieses Projekt einen Beitrag zur Vertiefung des gegenseitigen Verständnisses leistet und über viele Jahre gemeinsam weitergeführt wird. Vielleicht gelingt es dadurch auch, das Pflegezentrum in das gesellschaftliche Leben der Stadt St. Pölten zu integrieren.

Wohlfühlrezept mit Garantie

1 Portion Liebe (groß)
1 Schuss Geduld
1 Handvoll Aufrichtigkeit und Vertrauen
1 Prise Respekt und Ehrlichkeit
1 großes Maß an Zeit und Hilfsbereitschaft
1 Lächeln
1 große Menge Freundlichkeit und Nachsichtigkeit
etwas Humor

Man würze die große Portion Liebe mit dem Schuss Geduld und hebe die Handvoll Aufrichtigkeit und Vertrauen vorsichtig darunter. Dazu eine Prise Respekt und Ehrlichkeit.
Mische ein großes Maß an Zeit und Hilfsbereitschaft dazu und übergieße alles mit einem Lächeln. Zum Schluss bestreut man das Ganze mit einer großen Menge Freundlichkeit und Nachsichtigkeit und verfeinert es mit etwas Humor.

Titel des Projektes
Egal ob alt, egal ob jung, im Herzen sind wir alle gleich
ProjektpartnerInnen
Pflegezentrum St. Pölten-Pottenbrunn AbsolventInnen des Berufsschullehrganges für Fußpflege und Kosmetik
Inhalt
Schaffen einer „Wellness Oase" für die BewohnerInnen und Förderung ihrer sozialen Kontakte. Sensibilisierung der AbsolventInnen des Berufsschullehrganges für Fußpflege und Kosmetik im Umgang mit älteren Menschen.

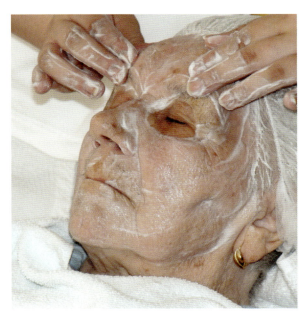

„Ein Gesicht ist etwas unvollständiges, ein in der Entstehung begriffenes Werk. Gesichter müssen benutzt werden, denn sie sind keine fertigen Bilder. Altern als Fortschritt des Gesichts."

James Elkins, Kunsthistoriker

TRÄUME SIND DOCH KEINE SCHÄUME

Das Projekt „Jugendträume werden wahr" geht den sehnlichsten Wünschen der BewohnerInnen in den SeneCura Sozialzentren nach und hilft sie wahr werden zu lassen.

Getreu dem SeneCura Leitsatz „Näher am Menschen" wird in den SeneCura Häusern auf zwei Aspekte ganz besonderer Wert gelegt: Zum einen den Menschen als Ganzes zu sehen - mit all seinen Bedürfnissen unter Berücksichtigung des individuellen Hintergrundes und zum anderen den Austausch und die Verbindung von mehreren Generationen zu fördern. Biografiearbeit wird in den SeneCura Häusern großgeschrieben, weshalb es ein besonderes Anliegen ist, wichtige Stationen im Leben der Bewohner-Innen und deren Interessen in die Aktivitäten zu integrieren.

Als ich am 13. Juni 1977 – also vor 35 Jahren – maturierte, stand ich vor einer wichtigen Entscheidung: Möchte ich den vernünftigen Weg gehen und klassischer Archäologe werden oder soll ich meinem Herz folgen und Opernsänger werden? Aber alles der Reihe nach.

Bereits im Alter von vier Jahren war ich musikalisch und verfügte über eine Naturstimme. Schon als kleiner Bub habe ich deshalb mein Umfeld in Erstaunen versetzt: Unglaublicherweise konnte ich Arien von Sopranistinnen singen – und das um eine Oktave höher.
So verbrachte ich meine Kindheit mit regelmäßigen Übungseinheiten und konnte meine glockenhelle Stimme stets verbessern. Im 15. Lebensjahr konnte ich eines Tages meinen Ohren nicht trauen – meine Stimme war nicht mehr glockenhell, sondern krächzend geworden. Natürlich hatte der Stimmbruch auch vor mir nicht Halt gemacht. Glücklicherweise war das Problem nach etwas mehr als einem Jahr vorüber. Ich staunte nicht schlecht, denn ich konnte zwar SopranistInnen nicht mehr nachsingen, verfügte aber über einen extrem dunklen Bass.

Der frühe Start in den Gesang hatte sich gelohnt, schon bald erfüllte sich mein Jugendtraum. Ich sang vor allem russische Volkslieder. Vorerst war Ivan Rebroff mein großes Vorbild. Mit 18 Jahren hatte ich schon so einiges erreicht: Fallweise sang ich in der Wiener Staatsoper, Kurt Rydl und der weltberühmte bulgarische Bass Nicolai Georgiev Ghiaurov waren meine Vorbilder. Ich arbeitete unentwegt an meinem großen Ziel, Opernsänger zu werden. Ich wurde in zwei Kirchenchören Mitglied und in der Zeit von 1976 bis 1984 spielte ich kleine Rollen in der Wiener Volksoper.

Während eines Aufenthaltes in Dölsach in Osttirol kam ich erstmals mit Volksmusik in Berührung, als der Dölsacher-Gesangsverein bei Sepp Forchers „Klingendes Österreich" sang. Ich war bei den ORF-Aufzeichnungen dabei und wurde großer Fan dieses heimatbezogenen Musikgenres. Aber nicht

Titel des Projektes
Jugendträume werden wahr
ProjektpartnerInnen
SeneCura Sozialzentrum Krems – Haus Brunnkirchen
Erstkommunionskinder der Pfarre Brunnkirchen
Inhalt
Gemeinsames Singen mit Kindern in der Pfarrkirche Brunnkirchen

nur die Volksmusik nahm ich von diesem Aufenthalt mit – seit damals verbindet Sepp Forcher und mich eine enge Freundschaft. Noch heute stehen wir in regelmäßigem Briefkontakt.

Nach einer Bakterienvergiftung, die mich in den Rollstuhl zwang, habe ich mein Leben für beendet erklärt. Doch es kam ganz anders: Die Liebe zu Musik und Gesang gab mir immer wieder neuen Lebensmut. Heute lebe ich im SeneCura Sozialzentrum Krems Haus Brunnkirchen und habe dort eine neue Heimat gefunden. In Doris Weber, der Leiterin des Sozialzentrums und Marianne Diernegger, Bereichsleiterin im Haus Brunnkirchen, habe ich zwei echte Freundinnen gefunden, denn durch ihr Engagement kann ich meiner liebsten Tätigkeit – dem Singen – regelmäßig nachgehen. Sie ermöglichen mir in der eigenen Hauskapelle und in der öffentlichen Kirche in Brunnkirchen auftreten zu dürfen. Meinen letzten großen Auftritt hatte ich am diesjährigen Ostermontag. Mit Georg Friedrich Händels „Largo" untermalte ich die Austeilung der Kommunion und durfte so, gemeinsam mit den Kindern, für eine ganz besondere Stimmung sorgen.

Wolfgang Schweiger

FRISCH GEKOCHT, MIT JUNGEN HÄNDEN

Ein ganz spezielles Generationenprojekt läuft in Pottendorf zwischen der Neuen Mittelschule und dem Landespflegeheim. Die SchülerInnen kommen in regelmäßigen Abständen in das Pflegeheim Pottendorf, um das Küchenpersonal beim Kochen des Abendessens und das Pflegepersonal bei der Essensausgabe zu unterstützen. Die ehrenamtliche Mitarbeiterin Frau Anna Novak steht den Kindern mit Rat und Tat zur Seite.

1920 geboren und kein bisschen müde: Anna Novak ist wahrscheinlich Österreichs älteste ehrenamtliche Mitarbeiterin: „Ich bin durch Zufall ins Heim gekommen. Ich wollte mich um meine Nachbarin kümmern und sie besuchen, als sie vor vielen Jahren in das neu errichtete Pflegeheim übersiedelt ist. So habe ich vorerst einmal „auf Probe" Besuchsdienste gemacht. Diese sind mir jetzt zur Lebensaufgabe geworden."

Bildgeschichte

Frau Novak, die älteste ehrenamtliche Mitarbeiterin des Pflegeheims Pottendorf, macht sich mit dem Fahrrad auf den Weg ins Pflegeheim. Sie freut sich schon auf den Besuch der Kinder aus der NMS der Großgemeinde.

Diesmal gibt es im Landespflegeheim eine köstliche Cremesuppe und faschierte Laibchen auf Salat zum Abendessen - frisch gekocht von den SchülerInnen der Neuen Mittelschule Pottendorf und der ehrenamtlichen Mitarbeiterin Anna Novak. Sollen wir Ihnen verraten wie alt Frau Novak ist? Über 90 Jahre! Ehrenamtliches Engagement und der Kontakt mit den jungen und alten Menschen gibt ihr Sinn, macht ihr Freude und hält Sie fit und gesund.

Gemeinsam mit den jungen BesucherInnen und dem Küchenpersonal kocht sie in der Großküche das Abendessen für die HeimbewohnerInnen. Da sie mit jungen Menschen gut umgehen kann und auch jahrelange Erfahrung im Kochen hat, entsteht unter Lachen und Scherzen in kurzer Zeit ein leckeres Abendmahl. Diesmal gibt es eine köstliche Gemüsecremesuppe und faschierte Laibchen auf Blattsalat.

Stolz servieren die Jungköchinnen und Jungköche den bereits erwartungsvollen HeimbewohnerInnen die köstliche Mahlzeit. Mmh! Es schmeckt wirklich ausgezeichnet.
Mit einem zufriedenen Lächeln fährt Anna Novak wieder nach Hause.

Aus Fotos, welche während dieser Aktion entstanden sind, wurde eine Bildgeschichte gestaltet.

Titel des Projektes
Frisch gekocht mit jungen Händen
ProjektpartnerInnen
NÖ Landespflegeheim Pottendorf
Neue Mittelschule Pottendorf (NMS)
Inhalt
Das Küchenpersonal des Landespflegeheimes Pottendorf, eine ehrenamtliche Mitarbeiterin und SchülerInnen der Neuen Mittelschule Pottendorf bereiten gemeinsam das Abendessen für die BewohnerInnen zu und servieren es.

FRISCH GEKOCHT, MIT JUNGEN HÄNDEN

Anna Novak, die älteste ehrenamtliche Mitarbeiterin des Pflegeheims Pottendorf, macht sich mit dem Fahrrad auf den Weg ins Pflegeheim.

"Hoffentlich bin ich nicht zu spät!"

Arbeitseifrig warten die SchülerInnen der Neuen Mittelschule Pottendorf bereits auf Frau Novak, um mit ihr den BewohnerInnen ein Abendessen zu bereiten.

"Jetzt zeigen wir denen einmal, was wir drauf haben!"

"Aus je einem Schöpfer machen wir ein Laibchen."

"Komm, lass mich das auch einmal versuchen."

"Das macht mir richtig Spaß, ich glaube, ich werde Köchin."

Unter Lachen und Scherzen entstand in kurzer Zeit eine leckere Speise.

"An so tüchtige Hilfe könnten wir uns gewöhnen. Vielen Dank."

ZU BESUCH IN DER WELT DER KINDER

Die BewohnerInnen des Seniorenzentrums St. Martin besuchten die Neue Mittelschule für Sport und Wirtschaft und die Privatschule der Franziskanerinnen.

Seit einigen Jahren pflegen die Seniorenbetreuerinnen des Seniorenzentrums St. Martin der Zwettler Bürgerstiftung enge Kontakte zu diversen Schulen und Kindergärten der Stadt. Zu vielen Anlässen im Jahreskreis, wie Muttertag, Erntedank, Adventzeit etc. werden Schulgruppen in das Heim eingeladen, um mit den HeimbewohnerInnen gemeinsame Vorbereitungen zu treffen und Feste zu feiern. So bekommen die SchülerInnen einen Eindruck vom Alltagsleben im Heim und stärken ihre soziale Kompetenz im Umgang mit den betagten BewohnerInnen und den MitarbeiterInnen.

Eines Tages keimte die Idee auf, interessierten SeniorInnen des Heimes Besuche in den Schulen zu ermöglichen, um Ihnen einen Einblick in den Tagesablauf der SchülerInnen zu gewähren. Der Gedanke fand sofort breite Zustimmung, zumal

sich das Seniorenzentrum in unmittelbarer Nachbarschaft zweier Schulen befindet, der Privatschule der Franziskanerinnen sowie der Neuen Mittelschule für Sport und Wirtschaft. Eine Gruppe von 10 HeimbewohnerInnen fand sich kurz darauf im Foyer des Heimes zusammen, um die SchülerInnengruppe der 1. Klasse der Neuen Mittelschule für Sport und Wirtschaft und ihre Lehrerin zu empfangen. Die SchülerInnen hatten Freude damit, Ihre Gäste zu Fuß oder mit Rollstühlen in das Schulgebäude zu begleiten. Die BewohnerInnen staunten über das große, neu sanierte Gebäude mit Lift, das sie bisher nur von außen kannten.

Die SchülerInnen präsentierten ihr Schulgebäude voller Stolz. Man merkte wie gut sie auf den Besuch der SeniorenInnen vorbereitet waren, und dass sie schon im Vorfeld konkrete Aufgaben zugeteilt bekommen hatten. Die Klasse wollte den SeniorInnen einen aktivierenden und abwechslungsreichen Vormittag bieten.

Mit einer Fülle von Bewerben, wie Quizfragen, Zielwerfen mit Bällen, Geschicklichkeitsspielen, Kartenspielen und vielem mehr, fielen bald die Hemmschwellen und sowohl SchülerInnen als auch HeimbewohnerInnen hatten viel Spaß und lernten ganz nebenbei für ihre eigene Sozialkompetenz. Als krönender Abschluss des Aktionstages verlieh der Direktor der Schule allen HeimbewohnerInnen eine Medaille.

Am Ende des Schulbesuchstages stand fest: das war heute eine Aktion mit „Fortsetzungsgarantie", so groß war der Gewinn für alle Beteiligten.

Schon bald darauf wurde auch der Kindergarten besucht. Bisher waren stets die Kinder ins Heim gekommen, zum Beispiel war ihr Besuch zum Muttertag seit Jahren eine Fixveranstaltung im Jahreskreis. Diesmal sollte es anders sein. Die Kindergartenleiterin lud die HeimbewohnerInnen zum Gegenbesuch ein. Spontan sagten die SeniorInnen zu: „Ja selbstverständlich kommen wir!". Gesagt, getan …. Schon einige Wochen später fuhr eine Gruppe von SeniorInnen mit dem heimeigenen Kleinbus in Begleitung von zwei Betreuerinnen Richtung Kindergarten.
Nach einem sehr herzlichen Empfang im Turnsaal des Kindergartens fand auch hier ein Spieleprogramm für Kinder und HeimbewohnerInnen statt. Die Freude und Fröhlichkeit über das Zusammensein war sowohl Jung als auch Alt vom Gesicht abzulesen. Eine gemeinsame Jause krönte den Abschluss des Vormittages.

Eine alte Dame meinte im Heim vor einigen Wochen: „Nur Kinder geben dem Leben einen Sinn und machen uns glücklich!". Ihre Worte motivieren uns Generationenprojekte, einen Austausch und eine Begegnung der Generationen weiter zu fördern.

Titel des Projektes
Zu Besuch in der Welt der Kinder
ProjektpartnerInnen
Seniorenzentrum St. Martin – Zwettler Bürgerstiftung
Neue Mittelschule für Sport und Wirtschaft
Private Mittelschule Zwettl der Franziskanerinnen
NÖ Landeskindergarten Zwettl Nordweg
Inhalt
SeniorInnen besuchen die Kinder in den Schulen und im Kindergarten

SÜSSE WEIHNACHTSKEKSE UND EIN WEIHNACHTSGESCHENK

Mürbteig
300 g Mehl
200 g kalte Butter
100 g Staubzucker
2 Eigelb
eine Prise Salz
Vanillezucker
Zitrone(n) - Schale
Die Zutaten rasch zu einem Teig kneten und im Kühlschrank rasten lassen.

Dank der guten Zusammenarbeit zwischen der Seniorenbetreuung des Landespflegeheimes Vösendorf und der Kindergartenpädagogin Brigitte Schawaller kommen neunzehn Kinder im Alter von zwei bis sechs Jahren aus der „blauen Gruppe" des Kindergartens vierzehntägig ins Heim. Bei diesen Zusammentreffen zwischen BewohnerInnen des Pflegeheimes und den Kindern des Kindergartens finden stets gemeinsame Aktivitäten statt wie singen, basteln, vorlesen oder backen.

Uroma und Urenkelin

In der Vorweihnachtszeit kamen die Kinder zu Besuch ins Pflegeheim. Für diesen Tag war vorgesehen, gemeinsam Weihnachtskekse zu backen. Bewohnerinnen und Kinder waren aufgeregt und voller Erwartungen. Die kleine Lisa lief sofort zu Frau Fasching, ihrer im Pflegeheim wohnenden Uroma, und setzte sich auf ihren Schoß.
Liebevoll strich Frau Fasching über Lisas Wangen. Die kleine Lisa drückte sich ganz fest an ihre „Urli–Oma".

„Schau Lisa, jetzt machen wir einen Teig. Zuerst nehmen wir Mehl …" erklärte Frau Fasching ihrer Urenkelin. „ … so jetzt geben wir Butter, Zucker und Ei dazu". Frau Fasching erklärte weiter: „Jetzt kneten wir alles kräftig zu einem Teig."
Lisa war mit voller Konzentration bei der Sache und beobachtete genau, was ihre Urli-Oma ihr zeigte. Frau Fasching war überglücklich.

Backe, backe Kuchen

Bald hatten die begeisterten BäckerInnen Teig an allen Fingern kleben und waren auf Wangen und Kleidung weiß vom Mehl. Natürlich durfte auch ein altbekanntes Kinderlied nicht fehlen, eine Bewohnerin stimmte plötzlich an und die Kinder sangen mit: „Backe, backe Kuchen, der Bäcker hat gerufen …"
Als der Teig gemeinsam ausgewalkt war, begann das Kekse ausstechen. Die Keksformen wurden herumgereicht und getauscht. Jeder wollte einen Stern, einen Mond, …
Bewohnerinnen und Kinder waren voll Begeisterung bei der Sache. Es wurden Geschichten erzählt und viel gelacht.
Bevor die Kekse ins Backrohr kamen, durften die Kinder sie mit Eidotter bestreichen und mit bunten Streuseln bestreuen. Ein mit Keksen belegtes Backblech nach dem anderen wurde von den SeniorenbetreuerInnen in das Backrohr geschoben.

Kaum waren die Kekse fertig gebacken, begann auch schon das große gemeinsame Naschen. Die selbst gebackenen Kekse schmeckten allen natürlich besonders gut.

Als sich die Kinder wieder auf den Weg nach Hause machten, verabschiedeten sie sich sehr überschwänglich. Lisa und Ihre Uroma umarmten einander selig. Frau Fasching verabschiedete sich zu Tränen gerührt von ihrer Urenkelin und sagte: „Dieser Vormittag war für mich das schönste Weihnachtsgeschenk."

Titel des Projektes
Weihnachtskekse
ProjektpartnerInnen
*NÖ Landespflegeheim Vösendorf –
Schlosspark Vösendorf
NÖ Landeskindergarten Vösendorf
Schlosspark*
Inhalt
Gemeinsam Weihnachtskekse backen

SCHULE EINST UND HEUTE

Es war wieder soweit: Besuch der 3.C des Ella Lingens Gymnasiums im Pflegeheim der Barmherzigen Brüder in Kritzendorf. Diesmal stand der Besuch unter dem Motto „Schule einst und heute".

Begleitet von ihrem Musiklehrer und Klassenvorstand trugen die SchülerInnen mit viel Begeisterung ein buntes, musikalisches Programm vor: Lieder aus der Zeit von Johann Strauß (Tritsch Tratsch Polka, Wie Böhmen noch bei Österreich war, Leichtes Blut) bis hin zu Modernem (Ain't she sweet, I will follow him, We are the World, Oh happy day).

Auch die SeniorInnensinggruppe des Heimes hatte Lieder eingeübt wie zum Beispiel „Peters Brünnele", „Fein sein, beinander bleibn", „Hoch auf dem gelben Wagen" und „Muss I denn zum Städtele hinaus", um den SchülerInnen die Musik ihrer Generation nahe zu bringen.
SchülerInnen wie SeniorInnen zeigten reges Interesse, die Gegensätze der Melodien und Texte zu hören.

Ein besonderes Highlight des gemeinsamen Tages war das Schreiben auf Schiefertafeln in Kurrent. Nach einigen Übungsversuchen und mit Unterstützung der SeniorInnen schafften auch die SchülerInnen nach kurzer Zeit ihren Vornamen in dieser Schriftart zu schreiben.

Viel Freude bereitete es den SchülerInnen auch, den SeniorInnen die Errungenschaften der heutigen Technik, wie zum Beispiel ein Smartphone oder die Benützung eines Taschenrechners im Unterricht, zu erklären. Da staunten die BewohnerInnen schon sehr, denn zum Rechnen mussten sie in ihrer Schulzeit ohne Hilfsmittel auskommen und ihren Kopf verwenden.

Zwischen all den Liedern und Erklärungen blieb noch ein wenig Zeit für eine gemeinsame Jause. Dabei hatten die Generationen die Möglichkeit, sich weiter über das „Einst und Heute" zu unterhalten, Erinnerungen wurden ausgetauscht und auch das Thema „Zukunft" diskutiert.

Die Zeit verging viel zu schnell. Die oftmalige Anfrage, wann die SchülerInnen wieder kämen, zeigte, dass der Besuch bei allen Beteiligten viel Anklang gefunden hat und sie sich schon auf ein Wiedersehen freuen.

Die SchülerInnen des Ella Lingens Gymnasiums trugen ein buntes, musikalisches Programm vor: Wiener Lieder, Lieder aus der Zeit von Johann Strauß (Tritsch Tratsch Polka, Wie Böhmen noch bei Österreich war, Leichtes Blut) bis hin zu Modernem (Ain't she sweet, I will follow him, We are the World, Oh happy day)

Titel des Projektes
Schule einst und heute
ProjektpartnerInnen
Alten- und Pflegeheim der Barmherzigen Brüder Kritzendorf
Ella Lingens Gymnasium 1210 Wien
Inhalt
Eine musikalische Reise durch die Zeit und ein Vergleich der Schriften Kurrent und Latein.

Was ist „Kurrentschrift"?

Die deutsche Kurrentschrift (lateinisch currere „laufen") ist eine Laufschrift; sie war etwa seit Beginn der Neuzeit bis in die Mitte des 20. Jahrhunderts die allgemeine Verkehrsschrift im gesamten deutschen Sprachraum. Sie unterscheidet sich durch spitze Winkel („Spitzschrift") und veränderliche Strichstärke („Schwellzüge") von der runden, „lateinischen" Schrift. In dieser Form wurde sie über 100 Jahre an Schulen gelehrt. In Österreich etablierte sich Kurrent auch als Amts- und Protokollschrift.

1941 kam es durch den Normalschrift-Erlass dazu, dass sie im großdeutschen Reich zugunsten einer einheitlichen lateinischen Schrift, der „deutschen Normalschrift", abgeschafft wurde, sie durfte in der Schule nicht mehr gelehrt werden. Bis 1952 gab es jedoch noch die „Schulschrift Kurrent, schöne Schreibschrift, mit Feder" parallel zu erlernen.

Das Schreiben auf Schiefertafeln in Kurrent war ein besonderes Highlight des gemeinsamen Tages.

Liebe Schülerinnen und Schüler!

Im April dieses Jahres habt Ihr uns ein paar schöne Stunden geschenkt, dafür möchten wir Euch danken sagen. Wir waren sehr neugierig und hatten uns schon einige Fragen vorbereitet. Das gemeinsame Singen hat uns wirklich viel Freude gemacht. Angeregt plauderten wir über das Schulwesen zu unserer Zeit und das von heute. Spannend mit Euch war das Schreiben der Kurrentschrift auf den Schiefertafeln. Die gemeinsame Jause, die Ihr uns so liebevoll eingerichtet habt war ausgezeichnet. Unser Nachmittag war mit sehr viel Spaß und Freude ausgefüllt.

Wir haben uns über Euren Besuch sehr gefreut und sagen schon heute: auf ein baldiges Wiedersehen!"
Mit lieben Grüßen die Bewohner des Alten- und Pflegeheimes in Kritzendorf.

Sefriede Wolf

Mit einem Brief in Kurrentschrift an die SchülerInnen des Ella Lingens Gymnasiums in Wien bedankten sich die BewohnerInnen des Alten- und Pflegeheimes Kritzendorf für den Besuch und die anregende, gemeinsam verbrachte Zeit.

SOMMERFEST IM KINDERGARTEN

Eine farbenprächtige Abwechslung: BewohnerInnen des Landespflegeheimes Eggenburg beim Sommerfest des Landeskindergartens Eggenburg II

Seit Bestehen des Landespflegeheimes Eggenburg (1997) wird der Kontakt zwischen Jung und Alt generationsübergreifend gepflegt. Es gibt eine lebendige, intensive Zusammenarbeit.

Jedes Jahr zum Abschluss des Kindergartenjahres findet das traditionelle Sommerfest im Landeskindergarten Eggenburg II statt. BewohnerInnen des Landespflegeheimes, ehrenamtliche MitarbeiterInnen, die Seniorenbetreuung und Heimleitung sind stets gern geladene Gäste. So auch beim letzten Fest.

Bei sonnigem Wetter gab es unter schattigen Bäumen ein vielfältiges Frühstück im Grünen. Das unbeschwerte Spielen der Kinder rund um ihre Gäste aus dem Landespflegeheim regte zu Gesprächen und Erinnerungen an. Volkstümliche Lieder von den Kindern gesungen, wie „Summ, summ, summ…", „Kommt ein Vogerl geflogen …", luden zum Mitsingen und Summen ein.
Die Tänze der Kinder mit bunten Bändern stellten einen Höhepunkt des Sommerfestes dar und begeisterten die BewohnerInnen des Landespflegeheimes Eggenburg. Strahlende Augen und berührende Momente waren zu beobachten, als die Kinder den alten Menschen zum Abschied selbstgebastelte Papierblumen mit den Worten „Wir wollen Freunde sein" überreichten. Von einem weiteren beidseitig wertvollen „miteinander. füreinander" sind Frau Ingeborg Edlinger, Leiterin des Landeskindergartens Eggenburg II und Herr Erich Weißkirchner, Direktor des Landespflegeheimes Eggenburg, überzeugt.

Titel des Projektes
Sommerfest im Kindergarten
ProjektpartnerInnen
*NÖ Landespflegeheim Eggenburg –
Haus der Geborgenheit
NÖ Landeskindergarten Eggenburg II*
Inhalt
Intergenerationelle Begegnung beim jährlichen Sommerfest im Kindergarten

Schöne Momente für die BewohnerInnen

Der Besuch im Kindergarten weckt auch bei Frau O. Erinnerungen an ihre eigene Kindheit. Ihre Mutter starb, als sie noch ein Kind war. Sie kam damals in ein Waisenhaus. Dort war es für sie nicht sehr schön, sie weinte sehr oft. Heute ist sie sehr froh, wenn sie sieht, dass es den Kindern im Kindergarten gut geht. Die Ehrlichkeit der Kinder schätzt sie sehr. „Ich fühle mich, als gehöre ich schon ewig dazu".

MIT 66 JAHREN ...

Mit 66 Jahren, da fängt das Leben an, sang Udo Jürgens im Jahr 1977 ...

Vor genau 66 Jahren startete im Rahmen „Soziales" in Zusammenarbeit mit dem Jugendrotkreuz in Mautern ein Projekt, das zu einer lieb gewordenen Tradition werden sollte, die bis heute besteht.

Kurz nach Ende des 2. Weltkrieges, im Jahre 1946, vereinbarte die Schule der Englischen Fräulein in Krems, die heutige Mary Ward Privathauptschule Krems, mit dem damaligen Bezirksarmenhaus, dem heutigen Landespflegeheim Mautern, jährliche Besuche. Die jeweils 2. Klassen der Schule kommen im Frühling zur Zeit des Muttertages sowie im Advent mit Liedern und Texten ins Haus. Auch liebevolle Bastelarbeiten der SchülerInnen werden den BewohnerInnen an diesen Tagen überreicht.

Das Engagement der Schule steht ganz im Zeichen ihrer Hauptschwerpunkte: Persönlichkeitsbildung, Mitmenschlichkeit und Förderung der Achtsamkeit, sowie Offenheit für Fragen des Glaubens.

Die BewohnerInnen des Landespflegeheimes Mautern genießen die Besuche der SchülerInnen sehr: „Die SchülerInnen sind musikalisch ein wahrer Genuss!", „Ich habe gar nicht gewusst, dass meine Enkelin da auch dabei ist. Ist das eine große Freude!", „Früher habe ich auch in einem Chor gesungen. Das waren noch Zeiten!", „Ist das schön, wenn sich so junge Leute Zeit für uns alte Menschen nehmen."

Die BewohnerInnen des Landespflegeheimes Mautern genießen die Besuche der SchülerInnen sehr: „Die SchülerInnen sind musikalisch ein wahrer Genuss!"

Titel des Projektes
Musikalische Besuche
ProjektpartnerInnen
NÖ Landespflegeheim Mautern – Severinheim
Mary Ward Privathauptschule Krems
Inhalt
Musikalische Darbietungen zum Muttertag und zu Weihnachten

Die Freude liegt auf beiden Seiten, denn auch die SchülerInnen sind sich einig: „Wir hoffen, dass dieses Projekt noch lange weitergeführt wird!" Ein herzliches Danke an Frau Direktorin Eisenbock für die Weiterführung dieser Tradition.

IM PFLEGEHEIM IST ES URCOOL

Das Liederfestival der Praxisvolksschule Baden für die BewohnerInnen des Helenenheims im Rahmen des Generationenprojektes war gut abgelaufen. BewohnerInnen und Kinder blühten sichtlich auf und freuten sich. Nun stand ein Spielenachmittag im Helenenheim auf dem Programm.

Horttante Vera hatte mit den Kindern über den bevorstehenden Nachmittag gesprochen und sie ermahnt, nicht zu laut zu sein und nicht herum zu rennen. Die Kinder freuten sich schon auf das Treffen. Ein Haus voller Erwachsener, bei denen man nicht rennen durfte, weil man sie über den Haufen laufen könnte – das hörte sich spannend an.

Nur Lennart freute sich nicht. Lennart hatte gelangweilt ein Stück Papier hin und her geschoben und die ganze Zeit herum gehüstelt. „Ich gehe nicht mit in das blöde Altenheim!" Lennart hüpfte vor Vera von einem Bein auf das andere. 15 Paar Kinderaugen sahen ihre Horttante an – ein Paar herausfordernd, die anderen interessiert.
„Es tut mir leid, Lennart, aber es geht nicht anders. Komm jetzt!" Vera versuchte, ruhig zu bleiben.
„Nein! Meine Mama soll mich abholen! Sofort!"
„Deine Mama muss arbeiten. Wenn du jetzt nicht weitermachst, darfst du morgen nicht mit nach Laxenburg! Also ...?"

„Na gut ... aber Bock habe ich trotzdem null!" Vera seufzte. Das konnte etwas werden, denn ein Lennart mit null Bock war schwer zu ertragen.

Als sie im Pflegeheim ankamen und den Sesselkreis im Saal sahen, vergaßen die Kinder alle guten Vorsätze und stürmten hinein. Nur Lennart wartete, bis alle einen Platz gefunden hatten, dann trat er in Aktion. Er steuerte auf seinen Erzrivalen Markus zu und versuchte, diesen von seinem Sessel zu rempeln.

Während Vera sich überlegte, wie sie die beiden wohl am besten trennte, zupfte eine faltige Hand an Lennarts T-Shirt.
„Junger Mann, bist du so lieb und holst mir den Sessel von dort drüben?" Frau Müller sah Lennart freundlich, aber bestimmt an und nickte ihm aufmunternd zu. Vera traute ihren Augen nicht, als der Bub sich kommentarlos in Bewegung setzte und tat, wie ihm gesagt worden war.
„Ausgezeichnet, ich dachte mir schon, dass du stark bist. Und wenn du den Sessel hier neben meinen Rollstuhl stellst - ja, genau so, und wenn du dich jetzt zu mir setzt, kannst du mir ein bisschen helfen. Ich denke, dass das niemand so gut kann wie du", lächelte sie.
Ein Hauch von Stolz glitt über das oft so mürrische Kindergesicht.

Beim Generationenprojekt im Helenenheim in Baden gab es ein Liederfestival und einen Spielenachmittag.

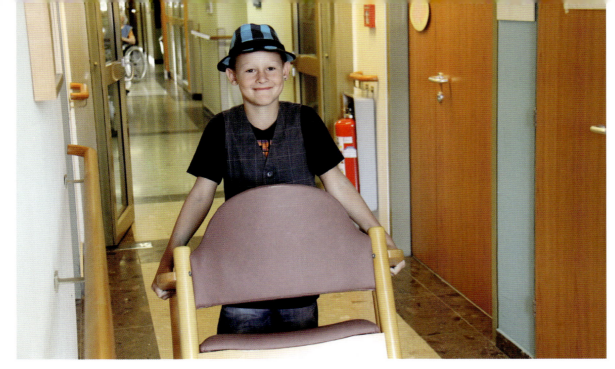

Titel des Projektes
Spielefest im Altenheim
ProjektpartnerInnen
NÖ Landespflegeheim Baden – Helenenheim
Praxisvolksschule Baden der Pädagogischen Hochschule für Niederösterreich
Inhalt
Im Rahmen des Generationenprojektes fanden ein Liederfestival und ein Spielenachmittag statt.

„Liebe Bewohnerinnen und Bewohner, liebe Kinder - darf ich euch bitten, mir kurz zuzuhören? So, passt mal auf. Damit wir uns kennen lernen, werfen wir uns diesen Ball hier zu und wer den Ball fängt, nennt seinen Namen ... Seid ihr fertig? Also, los geht's!"

Die Pflegerin warf den Ball einem grauhaarigen Mann im Rollstuhl zu. Nachdem dieser seinen Namen genannt hatte, blickte er sich schelmisch um, tat, als ob er den Ball einer Mitbewohnerin zuwerfen wollte, überließ ihn dann aber Markus, der, wie die meisten Kinder, vor lauter Aufregung kaum sitzen bleiben konnte.

Als Frau Müller den Ball zugespielt bekam, fiel ihr dieser prompt wieder aus den Händen.

„Ach! Wie ungeschickt von mir!" wandte sie sich hilfesuchend zu Lennart, der war aber schon dienstbeflissen aufgesprungen.

Am Ende der Vorstell-Runde hatten sich alle Kinder beruhigt und waren neugierig bei der Sache. Nachdem sie gemischte Mannschaften gebildet hatten, ging es weiter: unter großem Jubel versuchten die TeilnehmerInnen mit einem Plastikhammer auf eine Stoffmaus zu schlagen, sobald diese aus dem Rohr, in das sie von oben hineingeworfen worden war, heraus fiel. Die Kinder, schnell und treffsicher, waren ihren SpielpartnerInnen weit überlegen und ernteten ihr uneingeschränktes Lob.

So gestärkt ging die Jugend munter in die zweite Runde. Aber ihr gerade gewonnenes Selbstbewusstsein hielt nicht lange, denn jetzt waren Ruhe und Konzentration gefragt. Bewundernd schauten sie zu, wie ihre älteren TeamkollegInnen die Bälle geschickt in die am Boden liegenden Ringe rollten. Geduldig zeigten die SeniorInnen den Kindern ihre Tricks und zwei Generationen verschmolzen miteinander.

Veras Augen suchten und fanden Lennart. Er redete auf Frau Müller ein, die ihm aufmerksam zuhörte. Er zappelte nicht, er spielte nicht mit seinem Sandwich, ja, er redete sogar leise. Wie das der netten alten Dame wohl gelungen war?

Als Lennart sich kurz von ihr entfernte, setzte Vera sich zu ihr. „In meinem Alter hat man Zeit", schmunzelte Frau Müller. „Und Kinder haben es gerne, wenn man Zeit für sie hat. Aber natürlich habe ich auch Erfahrung. Wissen Sie, mein Mann war verwitwet und brachte drei Kinder mit in unsere Ehe, die am Anfang nichts von mir wissen wollten. Irgendwann bin ich dann drauf gekommen, dass man jedes Kind nehmen muss, wie es ist und dass man selbst genau wissen muss, was man will. Und daraus muss man dann Strategien basteln… Eine Herausforderung sind Kinder natürlich schon, besonders die schwierigeren, aber sie sind auch lebendig – etwas, das hier fehlt … Sie kommen doch wieder, oder?"

Lennart war gerade zurückgekommen und hatte den letzten Satz gehört. „Klar kommen wir wieder. Ich zumindest auf jeden Fall!" meinte er, für alle hörbar. „Weißt du, Frau Müller, der Philip, du weißt ja, mein großer Bruder, der hat gesagt, dass es bei euch bestimmt stinklangweilig ist, weil ihr uralt seid und zu nix zu gebrauchen. Drum wollte ich zuerst gar nicht herkommen."
Es wurde still im Saal.
Lennart fuhr unbeirrt fort: „Aber das stimmt gar nicht! Das heißt, ein bisschen stimmt es vielleicht schon …
Aber es ist überhaupt nicht schlimm, dass ihr uralt seid, weil ich finde euch echt urcool!"

*Im Alter hat man Zeit.
Und Kinder haben es gerne,
wenn man Zeit für sie hat.*

GEMEINSAM FRÖHLICH SEIN BEI SPORT, SPIEL UND KREATIVITÄT

Titel des Projektes
Gemeinsam fröhlich sein bei Sport, Spiel und kreativem Gestalten
ProjektpartnerInnen
NÖ Landespflegeheim Ybbs/Donau – Nibelungenheim
Polytechnische Schule Ybbs/Donau
Inhalt
Gemeinsame Aktivitäten während des Jahres, gemeinsames Spielefest im Sommer

Bereits seit vielen Jahren kommt Fachlehrerin Anita Strasser mit den SchülerInnen der Polytechnischen Schule Ybbs, Fachbereich Gesundheit und Soziales, in das Landespflegeheim Ybbs an der Donau, auch Nibelungenheim genannt. SchülerInnen und BewohnerInnen verbringen Zeit bei gemeinsamen Aktivitäten.

In der Sozialgruppe beschäftigen sich die jungen Menschen mit dem Schwerpunktthema: „Die besondere Lebenssituation im Pflegeheim"- Durch ihr Engagement im Heim bringen sie Abwechslung in den Alltag der HeimbewohnerInnen.

Bei sommerlichem Wetter fand für die HeimbewohnerInnen gemeinsam mit den Schülerinnen, den ehrenamtlichen MitarbeiterInnen und den SeniorenbetreuerInnen im Heimgarten ein Spielefest mit vielfältigen Spielstationen statt.

Beim Kegeln, Dosenschießen, Würfeln, Ertasten von Gegenständen und Zahlenschießen gab es für alle TeilnehmerInnen Gelegenheit ihre Geschicklichkeit unter Beweis zu stellen.

Besonders beim Kegeln wurden Erinnerungen geweckt und so meinte eine Heimbewohnerin zu den SchülerInnen: „Früher haben wir oft gekegelt, einmal war ich sogar Kegelmeisterin! Und jetzt schieß ich euch eine Sau!" Gesagt, getan und schon fielen alle Kegel um. Stolz nahm sie den Beifall der ZuschauerInnen entgegen.

Die Sozialgruppe der Polytechnischen Schule Ybbs beschäftigt sich mit dem Schwerpunktthema „Die besondere Lebenssituation im Pflegeheim". Jedes Jahr findet ein Spielefest statt.

„LASS DIR ZEIT!"

Die Augen des Großvaters ruhen liebevoll auf seinem Enkel. Erinnerungen kommen und gehen wie Blitzlichter. Herr E. war für Julian Vater und Großvater. Er hat Julian durch das Leben begleitet. „Er war ein braver Bub!", erzählt er.

Oft durfte Julian mit ihm auf dem Traktor in den Wald fahren. Herr Ebner war ein begeisterter Jäger. Bei diesen Ausflügen lehrte der Großvater den Buben, dass nicht nur das Jagen, sondern auch die Hege und Pflege des Wildes ein wichtiger Aspekt des Jägers ist.
Als der Großvater einmal im tiefsten Winter in den Wald fuhr um das Wild zu füttern und lange nicht nach Hause kam, saß der Enkel am Fenster und wartete mit bangem Herzen auf dessen Heimkehr. Endlich kam Opa nach Hause – gesund und unverletzt. Der viele Schnee hatte die Arbeit und den Weg beschwerlich gemacht. So hat es seine Zeit gebraucht, bis er zurück war.

Herr E. war für Julian Vater und Großvater. Er hat Julian durch das Leben begleitet. „Er war ein braver Bub!"

Julian spielte gern Ball. Federball mit dem Großvater, Fußball mit den Freunden. Obwohl Herr Ebner kaum Interesse für das Fußballspielen hatte, begleitete er seinen Enkel zu den Spielen und freute sich über jeden Sieg.

Im Gasthaus, welches das Ehepaar Ebner führte, war Julian der „kleine Wirt", der ein gern gesehener Gast am Stammtisch war. Auch hier war die Hand des Großvaters spürbar, der dem kleinen Jungen die Möglichkeit gab, sich „wichtig" zu fühlen, die Grundlage für ein gesundes Selbstbewusstsein.

„Opa, lass dir Zeit!"

Wie oft hat Julian diese Worte zu seinem Großvater gesagt, seit er im Pflegeheim Scheiblingkirchen arbeitet. „Lass dir Zeit", hat in diesem Fall eine doppelte Bedeutung. Zeit ist ein ungemein wichtiges Wort im Leben dieser beiden. Zeit miteinander verbringen, damals wie heute. Wenn damals der Ältere für den Jüngeren Stütze und Halt war, so ist es heute umgekehrt.

Die Fürsorge, die Julian durch den Zivildienst im Heim seinem Großvater täglich schenkt, ermöglicht dem Älteren, leichter Hilfe anzunehmen,

Titel des Projektes
Zivildienst im Alten- und Pflegeheim
ProjektpartnerInnen
NÖ Landespflegeheim Scheiblingkirchen
Bundesministerium für Inneres
Inhalt
Als Zivildiener im Alten- und Pflegeheim wieder mit dem geliebten Großvater vereint.

Emotionen, Freude und Trauer, Einsamkeit und Geselligkeit, Lachen und Weinen, all das geht nicht verloren, wenn die Menschen alt werden.

denn das Geben und Nehmen begleitete ihn schon durch sein ganzes Leben.

„Seit ich hier arbeite, kenne ich meinen Berufsweg!", freut sich Julian.
Eigentlich wollte er nach der Matura seinen Zivildienst beim Katastrophenschutz absolvieren. Doch dann musste sein Großvater ins Pflegeheim und für den Enkel war klar, dass er seinen Dienst jetzt im Pflegeheim Scheiblingkirchen absolvieren würde. Zeit mit seinem Großvater verbringen, soviel Zeit wie möglich.

Die Arbeit mit den BewohnerInnen zeigte ihm viele Sichtweisen auf das Alter. Denn Emotionen, Freude und Trauer, Einsamkeit und Geselligkeit, Lachen und Weinen, all das geht nicht verloren, wenn die Menschen alt werden. Julian erkannte, wie groß das Betätigungsfeld gerade in der Altenpflege ist. Physiotherapie ist nun für ihn das Ziel, nachdem er den Zivildienst abgeleistet hat.

„Lass dir Zeit!", diese Worte haben im Leben dieser beiden Menschen eine besondere Bedeutung. Sie beinhalten das ganze Spektrum an Sehnsucht nach dem Anderen.

Julian und sein Opa im Landespflegeheim Scheiblingkirchen.

EINST UND HEUTE

Titel des Projektes
Haushaltsgräte einst und heute
ProjektpartnerInnen
NÖ Landespflegeheim Hochegg
Volksschule Grimmenstein
Inhalt
Im Dialog zwischen Jung und Alt wurden die Hausarbeit und Haushaltsgeräte früher und heute miteinander verglichen

Das Landespflegeheim Hochegg hatte die Idee, einen Dialog zwischen Jung und Alt über Haushaltsgeräte und Hausarbeit früher und heute anzuregen. Wie war es früher? Und wie ist es heute? Was hat sich geändert?

Die Volksschule Grimmenstein wurde eingeladen und schon bald kamen die SchülerInnen auf Besuch. Zwischen HeimbewohnerInnen und den Kindern entstand rasch ein Vertrauensverhältnis. Neugierig und interessiert wurden eine alte Kaffeemühle und ein Kaffeeautomat von heute verglichen, ein Holzkohlenbügeleisen und eine Dampfbügelstation, ein Wählscheibentelefon und ein Handy. Was? Früher waren die Eltern und FreundInnen nicht ständig erreichbar? So manches Staunen war in den Gesichtern zu bemerken.

Natürlich durfte an diesem gemeinsamen Tag auch das Basteln und Spielen nicht fehlen und auch für eine gute Jause für Jung und Alt war gesorgt.

Zum Abschluss wurde gemeinsam ein Kinderlied gesungen, das den Ablauf eines Waschtages in früheren Zeiten beschreibt: Zeigt her eure Füße, zeigt her eure Schuh, und schauet den fleißigen Wäscherinnen zu ...

Jung und Alt bei der Arbeit im gemeinsam gestalteten Garten im Haus St. Michael in Orth an der Donau: Der beste Zeitpunkt für die Ernte der Ringelblumen ist im Frühsommer, bevorzugt an einem sonnigen Morgen, kurz nachdem sich die Knospen geöffnet haben. Denn dann ist der Gehalt an Wirkstoffen am höchsten.

UNSER GARTEN
COMEBACK DER KRÄUTERHEXEN

Eine der schönsten Möglichkeiten, den Kreislauf der Natur zu beobachten, bietet ein Garten. Den Kreislauf, der mit dem Anbau beginnt – in der Blüte und Reife seinen Höhepunkt findet – und schließlich nach der Ernte wieder etwas Neues entstehen lässt.

SchülerInnen der Campusmittelschule in Orth an der Donau haben sich mit BewohnerInnen des Hauses St. Michael auf den Weg gemacht, das zu erleben. Dafür ist im Haus St. Michael ein langersehnter Wunsch in Erfüllung gegangen – ein wundervoller Garten ist im letzten Jahr entstanden. Ein Garten in seiner bunten Vielfalt, eine Oase, welche die Sinne beflügelt, den Geist von trüben Gedanken befreit, die einlädt, die Natur zu beobachten und einfach das Herz der Menschen öffnet. In diesem natürlichen Umfeld begegnen Jung und Alt einander mit einer ganz offenen Selbstverständlichkeit.

Ein großes gegenseitiges Interesse und ein reger Austausch beginnen zu wachsen und lassen längstvergessene Rezepturen wieder neu erblühen. Zum Beispiel die Herstellung einer Ringelblumensalbe.

Ringelblumensalbe

Die Ringelblume mit ihren leuchtend gelben Blüten ist eine Bereicherung für jeden Garten und für jede Hausapotheke. Sie hat eine hohe Heilwirkung. In der Volksmedizin wird sie bei äußerlichen Wunden empfohlen, bei Abschürfungen, Brandwunden, Schnittverletzungen, Dekubitus, Ekzemen, sie ist entzündungshemmend, bekämpft Bakterien, Viren und Pilze. Ihre antiseptischen und adstringierenden Eigenschaften machen die Ringelblume zu einem wirksamen Mittel bei angegriffener und entzündeter Haut, bei Sonnenbrand, Krampfadern, Akne und Hautausschlägen.

Der beste Zeitpunkt für die Ernte ist im Frühsommer, bevorzugt an einem sonnigen Morgen, kurz nachdem sich die Knospen geöffnet haben. Denn dann ist der Gehalt an Wirkstoffen am höchsten. Die Blütenblätter werden im Schatten getrocknet.

Titel des Projektes
Comeback der Kräuterhexen
ProjektpartnerInnen
NÖ Landespflegeheim Orth/Donau – Haus St. Michael
Campusmittelschule Orth/Donau
Inhalt
Anlegen eines Gartens und gemeinsames Herstellen einer Ringelblumensalbe

Ringelblumensalbe

120 g getrocknete oder 300 g frische Blütenblätter
675 g Schweinefett (am besten Darmfett)
200 g Schaftalg
100 g Bienenwachs
 25 g Honig
250 g Kräutersubstanz

Zuerst muss man das Schweinefett erhitzen, wobei es ausgiebig aufprasseln soll. Dann auf Sparflamme schalten, den Schaftalg dazu geben und erst nach dessen vollständiger Auflösung das Bienenwachs. Nun wird das Gefäß auf einen Drahtrost gestellt und der Honig hinzugefügt. Wenn eine Einheitsmasse entstanden ist, rührt man die Kräutersubstanz ein. Den Topf beiseite stellen und 15 min stehen lassen. Durchseien und auspressen.

Das Endprodukt muss sauber, ohne Hartteile sein. In Tiegel abfüllen und im warmen Raum erkalten lassen. Dann erst abschließen und kühl und dunkel lagern.

Anstelle von Darmfett kann man auch normales Schweineschmalz verwenden und statt Schaftalg Lanolin aus der Apotheke.

Tipp: Für die Füße können Sie vorab ein Ringelblumenfußbad mit frischen Blüten machen und diese danach mit Ringelblumensalbe eincremen.

Damit es nicht verloren geht: Altes Wissen wird im Haus St. Michael an die junge Generation weitergegeben. Die SchülerInnen sind mit Begeisterung dabei: Wie wird Ringelblumensalbe hergestellt und wofür kann man sie verwenden?

Die Ringelblume wurde 2009 zur Heilpflanze des Jahres erkoren. In ihrer Heilwirkung ist sie der Arnika überlegen. Die Ringelblume ist eine blutreinigende Pflanze, wirkt zusammenziehend, ist gut für den Kreislauf und fördert die Heilung von Wunden.

Gemeinsame Spielstunden, Spaziergänge, kreatives Gestalten und Jahreszeitenfeste bereichern seit vielen Jahren das Miteinander der BewohnerInnen und SchülerInnen der Neuen Mittelschule 1 im Barbaraheim in Gänserndorf

BEREICHERNDE BEGEGNUNGEN

Niemand hätte das im Oktober des Schuljahres 1997/98 zu träumen gewagt: Aus einem mutigen Begegnungsversuch zwischen der Hauptschule Gänserndorf und dem Barbaraheim in Gänserndorf ist eine zwölfjährige Beziehung zwischen den beiden Einrichtungen gewachsen.

Im Religionsunterricht der 4. Klasse entsand ursprünglich die Idee, so wie Jesus die Liebe Gottes an Menschen weiterzuschenken, die am Rande der Gesellschaft stehen. Seit damals besuchen die SchülerInnen der 4. Klassen die BewohnerInnen des Barbaraheimes. Monatlich verbringen sie zwei Unterrichtsstunden mit den HeimbewohnerInnen. Sie hören einander interessiert zu, lachen, spielen und basteln miteinander. Advent- und Erntedankfeste werden gemeinsam veranstaltet und zum krönenden Abschluss des Unterrichtsjahres gibt es ein großes Grillfest. Zu einem Fixpunkt ist mittlerweile auch schon der Besuch der HeimbewohnerInnen in der Schule geworden, auf den sich beide Seiten immer sehr freuen.

Eine Raumecke erzählt

Ich bin eine kleine Raumecke im Erdgeschoß des Landespflegeheimes in Gänserndorf und ich kann euch sagen, ich habe in den letzten Jahren allerhand erlebt. Vor mehr als zehn Jahren kam unser Heimleiter Hermann Rath auf die Idee, meinem langweiligen Dahindämmern ein Ende zu setzen. Er bat Frau Humpelstetter mit der Hauptschule 1 in Gänserndorf Kontakt aufzunehmen, um über eine Zusammenarbeit zu sprechen. Die Idee war, dass mich die HauptschülerInnen gemeinsam mit ihren LehrerInnen kreativ gestalten sollten. Zu einem anregenden Blickfang für BewohnerInnen, MitarbeiterInnen und BesucherInnen des Heimes sollte ich mich verwandeln. Schnell wurden Dipl. Päd. Adelgunde van Linthoudt und Dipl. Päd. Renate Kiemayer für die Idee gewonnen und die Mädchen und Burschen gestalten mich bis heute im Rhythmus der vier Jahreszeiten mit fröhlichen, bunten Kunstwerken, die mich freundlich und umwerfend attraktiv aussehen lassen.

So war ich einmal Claude Monets Garten in Giverny mit Glyzinienblüten, Seerosen und japanischer Brücke nachempfunden. Unsere Heimkatzen haben diese Dekoration besonders geliebt.
Die Kinder haben auch Arbeiten von KünstlerInnen wie Gustav Klimt und Niki de Saint-Phalle nachempfunden. Da fühle ich mich fast wie ein Museum. Ich glaube, dass die SchülerInnen beim kreativen Gestalten dieser Arbeiten viel über die KünstlerInnen lernen. Im Moment baumeln viele bunte Nanas-Figuren, die Niki de Saint-Phalles Arbeiten nachempfunden sind, von der Decke und ich bin schon gespannt, in welchem Kleid ich die nächste Saison verbringen werde.
Im Frühling kommt immer frischer Wind ins Haus und verändert auch mein Aussehen. Da blüht es in mir in den herrlichsten Farben.
Besonders gut gefallen mir die Installationen, die wechselnd von meiner Decke baumeln. Sie tanzen spielerisch im Luftzug und verändern in der Bewegung ihre Form und Farbe.
Stellt euch vor, einen Sommer lang sah ich aus wie ein griechisches Dorf. Da begannen sich Urlaubsgefühle in mir zu regen. Ich komme aus meiner Umgebung ja leider nicht weg. Damals hatte ich sogar einen Liegestuhl zum Entspannen und Genießen. Auch Unterwasserlandschaften und Blumenwiesen gab es im Sommer bei mir schon zu bestaunen.
Im Herbst sind die Dekorationen immer sehr stimmungsvoll und auch mystisch. Da geistern Nebelhexen durch mein Eck, bunte Herbstblätter erfüllen mich raschelnd und Erntedankdarstellungen erinnern an die reichen Gaben des Sommers.
Den SchülerInnen und LehrerInnen fällt immer etwas Neues, Außergewöhnliches, mich Schmückendes ein.
Und dann der Winter... Es beginnt stets mit dem Adventmarkt in unserem Haus. Da werde ich oftmals richtig festlich geschmückt. Die Kinder sind klug und laden die vielen Gäste und BesucherInnen ein mitzuhelfen und zu spenden. Auch regionale KünstlerInnen haben schon mitgearbeitet. Letzten Advent gab es eine ganz brave, winterliche Peep-Show. Den vielen Menschen, die hinter den Vorhang geblickt haben, hat es gefallen. Mit der Adventaktion haben die SchülerInnen schon sehr viele gute Dinge vollbracht, zum Beispiel alten Menschen und Kindern mit besonderen Bedürfnissen geholfen. Das finde ich wirklich gut.
Ich hoffe, dass diese Kooperation mit der Schule noch viele Jahre weitergeführt wird. Vielleicht willst auch du mich einmal besuchen, um die Kunstwerke der SchülerInnen der Hauptschule 1 – pardon, sie heißt ja jetzt Neue Mittelschule 1 – zu betrachten? Du bist herzlich willkommen!

Titel des Projektes
Berührende Begegnungen
ProjektpartnerInnen
NÖ Landespflegeheim Gänserndorf – Barbaraheim
Hauptschule/Neue Mittelschule I Gänserndorf
Inhalt
Gemeinsames Spielen, Plaudern und Lachen und kreatives Gestalten

ERFAHRUNGEN EINES ZIVILDIENERS IM PFLEGEHEIM

Nach mehr als einem Jahrzehnt als Schüler war der erste Tag als Zivildiener im Pflegeheim eine ziemliche Umstellung. Plötzlich ist man nicht mehr umgeben von Gleichaltrigen, sondern hat mit Menschen zu tun, die bis zu sieben Jahrzehnte älter sind. Genau dieser Umstand ist es jedoch auch, der den Zivildienst hier spannend und zu einer reizvollen Aufgabe macht. In den Gesprächen mit den HeimbewohnerInnen kann ich Tag für Tag aufs Neue wahnsinnig viel dazulernen, denn die Menschen haben sehr bewegende Lebensgeschichten, unendlich viel erlebt und können mir aufgrund ihrer Lebenserfahrung oftmals wertvolle Tipps geben.

Für mich ist es auch immer berührend zu sehen, wie viel man den BewohnerInnen mit einem netten Wort oder einem kleinen Gespräch geben kann. Es ist jedoch keinesfalls nur ein „Nehmen" der alten Leute, denn sie geben einem selbst ungleich mehr wieder zurück. Wenn sie lächeln, froh sind, ein bisschen Zeit geschenkt zu bekommen und man ihnen die Zufriedenheit förmlich ansieht, genau dann weiß man, dass es die richtige Entscheidung war, sich für neun Monate Zivildienst im Kreise dieser Menschen entschieden zu haben.

Erstaunt hat mich auch, wie schnell und wie herzlich ich hier aufgenommen wurde – denn es ist ein ziemlicher Vertrauensbeweis, wenn sich die HeimbewohnerInnen schon nach wenigen Tagen mit ihren Sorgen und Nöten, mit Freud und Leid an einen wenden und einem eigentlich Unbekannten die Möglichkeit geben, ein wenig Platz in deren Leben einzunehmen.

Spannend ist, dass hier kein Tag gleich ist. Die Tagesverfassung der BewohnerInnen ist ob des hohen Alters naturgemäß stark schwankend – man muss sich also jeden Tag neu und individuell auf die Bedürfnisse der Menschen einstellen, man lernt – und das halte ich für äußerst wichtig – eigene Interessen auch einmal hintanzustellen. Wenn man bereit ist, dies zu tun, kann man unendlich viel Spaß haben – etwa beim Memory-Spiel mit den HeimbewohnerInnen, beim

Für den Zivildiener Clemens Oistric ist es berührend zu sehen, wie viel er den BewohnerInnen mit einem netten Wort oder einem kleinen Gespräch geben kann und wie schnell sie Vertrauen zu ihm gewonnen haben.

Titel des Projektes
Zivildienst im Alten- und Pflegeheim
ProjektpartnerInnen
NÖ Landespflegeheim Hainburg
Bundesministerium für Inneres
Inhalt
Aus den Erlebnissen eines Zivildieners

Heimkirtag im Sommer oder einfach nur bei Gesprächen über die Vergangenheit. Denn eines darf man nicht vergessen: Als Geschichts-Lehrer sind unsere BewohnerInnen unbezahlbar. Sie beziehen ihr Wissen nämlich nicht aus Büchern, nein, sie haben die Dinge selbst erlebt und mit eigenem Auge wahrgenommen.

Natürlich läuft nicht immer alles reibungslos ab und es kann auch im Pflegeheim zu kleineren Spannungen kommen, wie es eben überall zu Spannungen kommen kann, wo Menschen zusammenleben und zusammenarbeiten. Wichtig für mich war es jedoch zu sehen – auch für meinen eigenen weiteren Lebensweg – , dass alles in den Griff zu bekommen ist, wenn man bereit ist, miteinander zu sprechen, zuzuhören und gewillt ist, an einem Strang zu ziehen. Genau das ist hier der Fall, und deswegen bin ich sicher, dass alle MitarbeiterInnen dieser Einrichtung zusammen den Menschen das geben, was sie suchen: Einen geruhsamen und würdevollen Lebensabend. Und wenn ich in den neun Monaten nur ein kleines bisschen dazu beitragen kann, hat sich das Abenteuer Zivildienst meiner Meinung nach bereits gelohnt.

Clemens Oistric
Zivildiener im Landespflegeheim Hainburg

DEMENZ – EIN WEITES LAND

Wenn man so zurückschaut im eigenen Leben, dann kommt man in der Erinnerung immer wieder auf Ereignisse, die einen geprägt haben ohne dass es einem zu dieser Zeit wirklich aufgefallen wäre. Meist handelt es sich um Themen des Lebens, die einem in späteren Jahren unvermutet wieder begegnen.

Mir widerfuhr eine derartige Episode mit jugendlichen neunzehn Jahren, als ich nach einer ausgiebigen Befragung vor der Gewissenskommission unseres geliebten Vaterlandes meiner Staatsbürgerpflicht in Form eines Zivildienstes im Pflegeheim nachkam. Damals wusste ich noch nicht, dass ich 15 Jahre später in einer derartigen Institution beruflich landen würde.

Das sich täglich wiederholende Ritual während des Zivildienstes schenkte beruhigende Sicherheit: „Immer wenn man glaubt es geht nicht mehr, kommt von irgendwo ein Lichtlein her!"

Eine meiner zahlreichen ungewohnten Aufgaben war die Körperpflege bei einem neunzig Jahre alten Mann, der nach einem sehr aktiven, von Autonomie und sportlichen Aktivitäten erfüllten Leben aufgrund einer Altersdemenz im Pflegeheim lebte. Die allmorgendliche Prozedur der Körperpflege war dementsprechend interessant. Er begrüßte mich jedes Mal mit dem gleichen Spruch „Immer wenn man glaubt es geht nicht mehr – kommt von irgendwo ein Lichtlein her!", den er während unserer Begegnung ständig wiederholte. Unterbrochen wurde diese Phrase nur von Flüchen und Beschimpfungen „schleich dich, lass' mich in Ruhe!", wenn ich mich meiner Aufgabe der Körperpflege widmen musste. Die Überwindung dieses Widerstandes kostete mich einige Mühen, zumal ich ja mit keiner beruflichen Erfahrung oder Ausbildung in dieser Richtung zurückgreifen konnte (das waren noch Zeiten!). Zumindest jeden Mittwoch wurde ich aber belohnt. Denn da stand ein Vollbad auf der Tagesordnung und nachdem ich ihn nach einigen „schleich dich!" und „lass` mich in Ruh!" in die mit einem Schaumbad gefüllte Wanne buxiert hatte, wandelte sich die Einstellung dieses alten Mannes und er genoss sichtlich die Wärme und die dicke, duftende Schaumhaube des Bades.

Nach einigen „Immer wenn man glaubt …" richtete er sich dann in Offiziersmanier im Bad auf und bedankte sich herzlichst für meine Hilfestellung.

So vergingen die Monate, und wie es halt so mit der menschlichen Natur ist, gewöhnte ich mich an diese täglichen Rituale, empfand sie immer weniger als Belastung und absolvierte meine Aufgaben mit immer größerer Routine und wähnte mich in der beruhigenden Sicherheit von ständigen Wiederholungen. Dementsprechend hatte ich auch diesen alten Mann in meinem Hirn in eine emotionale Schublade gesteckt und erwartete mir „nichts Neues" mehr.

Umso verblüffter war ich, als mir dieser Herr eines Morgens mit irgendwie veränderten, strahlenden Augen begegnete, seinen rituellen Spruch ansetzte „Immer wenn man glaubt es geht nicht mehr …" dann aber lächelte und fortfuhr „… kommt von irgendwo ein Rhinozeros daher!". Ich glaube, dass ich in meinem Leben selten so überrascht wurde und selten so über mich und eine paradoxe Situation herzlicher gelacht habe als damals.

Jahre, fast Jahrzehnte später begegne ich tagtäglich dementen Personen in den verschiedensten Formen und stehe Verzweiflung und Unverständnis von Menschen, die damit zurechtkommen müssen, gegenüber. Oft scheint es mir so, als ob dieses Krankheitsbild die Betroffenen in der Gesellschaft zu „Menschen zweiter Klasse" degradiert, von denen man eigentlich nur mehr Belastung und Aufwand erwartet.

Meine Hoffnung setze ich dann in die vielen MitarbeiterInnen, die in ihrer Begegnung mit dementen BewohnerInnen von einer ähnlichen eindrucksvollen Erfahrung erzählen, wie ich sie damals erlebte, und die in jedem Individuum das „Positive, Bunte und Einzigartige" erkennen. Die Demenz ist ein weites Land – ein Land voller Überraschungen!

Titel des Projektes
Zivildienst im Alten- und Pflegeheim
ProjektpartnerInnen
Mag. (FH) Gregor Herzog, heute Direktor des NÖ Landespflegeheimes Berndorf – Haus Theaterpark
Bundesministerium für Inneres
Inhalt
Körperpflege eines Bewohners

ALT UND JUNG IM DIALOG

Gemeinsam mit der 4. Klasse der Hauptschule Pernitz fand im Ferdinand Raimund Heim das Generationenprojekt „Alt und Jung im Dialog" statt. Überraschend schnell entwickelte sich eine vertrauensvolle Basis zwischen den SchülerInnen und HeimbewohnerInnen. Die Kinder hatten viele Fragen an die alten Menschen und bekamen noch viel mehr Antworten. Antworten, die die Kinder zum Teil kaum fassen konnten. Es war ein sehr emotionsreicher Tag, der auch von Tränen und Wehmut begleitet war.

Ein Ausschnitt aus der Lebensgeschichte einer Bewohnerin berührte besonders:

Und nichts war mehr wie zuvor

Maria wurde 1920 in Wien geboren. Sie wuchs gut behütet mit vier älteren Brüdern auf. Da ihre Eltern keine finanziellen Sorgen hatten, konnte sie ihre Kindheit und Jugend sowie die goldenen 20er Jahre unbeschwert genießen. Als sie ihre Bürolehre beendet hatte, brach der Krieg aus.

Mit einem Schlag änderte sich ihr ganzes Leben. Ihr Vater, ihre Brüder und ihr Freund wurden eingezogen und an die Front geschickt. Zu dieser Zeit mussten junge Mädchen ein Pflichtjahr absolvieren. Maria wurde in einem Lazarett in Tschechien eingesetzt.

Oral History: nichts geht stärker unter die Haut und bewegt mehr, als die Erzählungen der Lebensgeschichten der alten Menschen.

Titel des Projektes
Alt und Jung im Dialog
ProjektpartnerInnen
NÖ Landespflegeheim Gutenstein – Ferdinand Raimund Heim
Hauptschule Pernitz
Inhalt
Oral History, HeimbewohnerInnen erzählen als ZeitzeugInnen ihre Lebensgeschichten und beantworten Fragen der SchülerInnen.

Nach einer kurzen Ausbildung zur Sanitäterin war es ihre Aufgabe, verwundete und sterbende Soldaten zu versorgen. Damit war sie völlig überfordert und litt furchtbar darunter.
Nach ein paar Monaten wurde sie wegen einer schweren Influenza nach Hause geschickt. Einige Tage später, bei einem Bombenangriff, flog das Lazarett in dem sie eingesetzt war, in die Luft.

Es gab keine Überlebenden.

Von nun an waren für Maria und ihre Mutter Todesangst und Hunger die ständigen Begleiter. Die meiste Zeit verbrachten die beiden Frauen im Luftschutzkeller. Wenn die Sirenen heulten, hieß es mit ein paar Habseligkeiten schnell in den Keller. Bei einem der zahlreichen Bombenangriffe wurde auch ihr Haus getroffen und alle BewohnerInnen wurden verschüttet. Das Schreien der Verwundeten und Sterbenden, darunter auch Kinder, verfolgt Maria bis heute. Doch sie und ihre Mutter überlebten und wurden nach 24 Stunden gerettet.

Von nun an hatten sie nichts mehr, alles was heil geblieben war, war eine kleine Madonna-Statue, die Maria zu ihrer Erstkommunion geschenkt bekommen hatte. Diese Madonna hütet sie heute noch wie ihren Augapfel.

Maria, ihre Eltern und auch ihre Brüder haben den Krieg überlebt. Ihr Freund ist gefallen. Mühsam haben sie sich ein neues Leben aufgebaut. Maria hat später einen Niederösterreicher geheiratet und ist hierher gezogen. Sie hatten gemeinsam drei Kinder und Maria konnte mit ihrem Mann noch die „Diamantene Hochzeit" feiern.

EINE BRÜCKE ZWISCHEN JUNG & ALT

Ein besonders Kunstwerk ist im Landespflegeheim Gloggnitz mit den SchülerInnen der Volksschule Gloggnitz entstanden: „Menschen auf dem Weg" ist zum Blickfang des Hauses geworden.

Kreatives Gestalten hat im Landespflegeheim Gloggnitz einen besonderen Stellenwert. Mehrere Schulen konnten dafür gewonnen werden, das Haus noch schöner und wohnlicher zu gestalten. Das kreative Gestalten stellt dabei eine Brücke zwischen den Generationen dar.

Mit SchülerInnen der Volksschule Gloggnitz wurde eine Wandmalerei mit dem Titel „Menschen auf dem Weg" entworfen und ist zum Blickfang des Hauses geworden.

In verschiedenen Aufenthalts-Zonen aller Geschosse hängen abstrakte Farbkompositionen und Zeichnungen von SchülerInnen des polytechnischen Jahrganges der Schule Reichenau, die Kapelle wurde mit einer eindrucksvollen Kreuz-Interprätation von A. Stumpf ausgestattet.

SchülerInnen der höheren Lehranstalt für Produktmanagement und Präsentation in Mödling brachten sich mit einem selbstentworfenen Mobile „Immer noch in Bewegung" ein, SchülerInnen des Bundesgymnasiums Wr. Neustadt – Zehnergasse – mit den auf die Geschosse aufgeteilten „vier Jahreszeiten".
Die in dieser Form erfolgte Einbindung der Jugend stellt auch einen Schritt für das angestrebte offene Wohnen dar.

Die künstlerischen Exponate haben nicht nur dazu beigetragen dem Landespflegeheim Gloggnitz ein besonderes Flair zu verleihen, sondern auch, eine Brücke zwischen Jung und Alt zu bauen.

Titel des Projektes
Kreatives Gestalten – Eine Brücke zwischen Jung & Alt
ProjektpartnerInnen
*NÖ Landespflegeheim Gloggnitz
Volksschule Gloggnitz
Polytechnische Schule Reichenau
Höheren Lehranstalt für Produktmanagement und Präsentation
Bundesgymnasium Wr. Neustadt, Zehnergasse*
Inhalt
Kreatives Gestalten bringt ein besonderes Flair in das Landespflegeheim Gloggnitz und baut eine Brücke zwischen den Generationen

GEMEINSAM JUNG

Einen schwungvollen, abwechslungsreichen Tag mit SeniorInnen verbringen – das war der Grundgedanke des Lions Club. Die 3PA der Höheren Lehranstalt für Produktmanagement und Präsentation zeigte besondere Initiative.

Nach einem ersten Besuch im Seniorenhaus Guntramsdorf lieferten die SchülerInnen zahlreiche Projektkonzepte. Eines wurde schließlich ausgewählt und umgesetzt.

Das Projekt mit dem Namen „Gemeinsam Jung – Ein Tag im Seniorenhaus" lief über ein ganzes Semester und endete mit einem gemeinsamen Erlebnistag.

Durch die besondere Zusammenarbeit und ständige Kommunikation zwischen den SchülerInnen und Frau Christina Reitmayer, der Leiterin des Seniorenhauses, konnten fünf verschiedene Aktivitäten ausgearbeitet werden, die genau auf die Bedürfnisse der BewohnerInnen abgestimmt wurden.

Jene BewohnerInnen, die genug Mobilität aufweisen, verbrachten ihren Tag mit Sightseeing und einem Picknick in der Kurstadt Baden. Alle anderen konnten zwischen drei Aktivitäten wählen: der Kreativgruppe, der Musikgruppe und einem Spaziergang zum Barockpavillon im Haus.

Die SchülerInnen bereiteten schließlich auch ein gemeinsames Essen vor. Bei Gegrilltem ließen Jung und Alt diesen besonderen Tag ausklingen.

Jung und Alt beim Sightseeing und Picknick in der Kurstadt Baden

Titel des Projektes
*Gemeinsam Jung –
Ein Tag im Seniorenhaus*
ProjektpartnerInnen
*Seniorenhaus Guntramsdorf –
CaSa Leben im Alter
Höhere Lehranstalt für Produktmanagement und Präsentation*
Inhalt
Gemeinsam kreativ gestalten, musizieren und bewegen standen im Mittelpunkt des Projektes.

Ein kühlendes Fußbad am Brunnen machte die sommerliche Hitze erträglich.

Ein „Gedicht", das Grillen im Seniorenhaus

Vom Lions Club kam die Idee,
was zu machen im Seniorenhaus Guntramsdorf und den Schülern der HLP.

Wenn es im Haus Jakob kräftig raucht,
wird nicht gleich die Feuerwehr gebraucht.

Es liegt die Wurst, das Steak auf dem Grill, oder
Gemüse, Haloumi-Käse, für jeden das, was er will.

Hausgemeinschaftsküche ist uns heute egal,
für alt und jung ist die Bratwurst ideal.

Emsig wird gemeinsam alles gerichtet
und die Wurst am Grill geschlichtet.

Der Griller glüht, ist schon ganz weiß,
die Würstel, die sind auch gleich heiß.

Doch Fleisch alleine reicht uns nicht.
Salate, Senf, Sauce und Erdäpfel sind quasi Pflicht!

Drum bereiten die Schüler und Bewohner vieles vor,
damit dann keiner sagt, dass das zu wenig woa.

Zum Rahm da kommt der Knoblauch rein,
ein bisserl mehr, es darf ruhig schärfer sein.

Die Erdäpfel in die Folie stecken,
zwischendurch noch die Saucen checken.

Jetzt mag aber niemand mehr warten,
die Mägen knurren, beeilt euch, würd ich raten.

Gemeinsam freut man sich auf den Verzehr.
Würstel fertig – na bitte sehr!

Schon etwas müde schauen sie drein,
die Schüler, nach einem aktiven Tag im Seniorenheim.

„So was aber auch, die Jugend hat noch was vor nach dem Grillen,
hast das schon gehört, die gehen dann chillen".

„Also ich geh heute nur noch ins Bett rasten,
dreh mir auf den Fernsehkasten
und lass mir das dann später schmecken,
wart jetzt muss ich es erst mal verstecken".

„Was hast du denn in der Serviette drin?
„Den modernen Käs und einen Muffin."

„Aber geh, zuerst hast so getan, als tätest dich zieren,
und jetzt willst es dann doch probieren."
„Ja, ich kann dir sagen, was die Jugend macht, des is gar nicht schlecht,
und wenn sie bald wieder kommen, dann wärs sehr recht."

EIN MARKTSTAND FÜR KLEINE UND GROSSE WÜNSCHE

Jeden zweiten Mittwoch hat der Marktstand im Landespflegeheim Hainfeld von 9.00 bis 11.00 Uhr geöffnet.

Endlich wieder einmal selbst einkaufen gehen können und „mir selbst aussuchen, was ich will", so lautete ein großer Wunsch der BewohnerInnen im Landespflegeheim Hainburg. Und so ist ein neues Projekt entstanden.

Alle 14 Tage gibt es im Pflegeheim Hainfeld nun die Möglichkeit, bei einem Marktstand „wichtige Dinge des Lebens" selbst auszuwählen und vor Ort einzukaufen. Dieses Angebot wird in enger Zusammenarbeit mit SchülerInnen des Polytechnischen Lehrgangs Hainfeld, dem ortsansässigen Feinkosthändler, der Seniorenbetreuerin, der Heilmasseurin und der Ehrenamts-Koordinatorin organisiert.

Das Angebot reicht von Zeitschriften, Toiletteartikel, Süßigkeiten und Getränken bis hin zu Strumpfwaren. Neben dem Standardsortiment werden auch Bestellungen für ausgefallene Artikel entgegengenommen.

Der Marktstand ist jeden zweiten Mittwoch von 9.00 bis 11.00 Uhr geöffnet. Wer seinen Einkauf bereits erledigt hat oder noch warten muss, hat die Möglichkeit, sich in der Kaffee- oder in der Spiele-Ecke zu unterhalten. Die SchülerInnen hören gerne zu, spielen mit und betreuen die BewohnerInnen.

Ein Marktstandtag

Es ist 8.00 Uhr morgens. Die ersten BewohnerInnen warten bereits aufgeregt im Foyer. Sie sind gleich nach dem Frühstück hierher gekommen, obgleich der Marktstand erst in einer Stunde öffnet. „Gibt es diesmal wieder etwas Neues?", „Hoffentlich bin ich eine der Ersten!" und „Ist diesmal auch genug Schokolade da?" ist im Stimmengewirr zu hören.

Zwischen 8.00 und 9.00 Uhr holen die SchülerInnen auch jene BewohnerInnen aus ihren Zimmern ab, die nicht mehr allein mobil sind und sich das Erlebnis „Markttag" nicht entgehen lassen wollen.

Titel des Projektes
Ein Marktstand für kleine und große Wünsche
ProjektpartnerInnen
*NÖ Landespflegeheim Hainfeld
Polytechnische Schule Hainfeld
Feinkostladen Hainfeld*
Inhalt
Abhalten eines Markttages jeden zweiten Mittwoch im Monat. Die BewohnerInnen haben die Möglichkeit selbst auszuwählen und einzukaufen.

Eine Kolonne von Damen und Herren in Rollstühlen und mit Gehhilfen, begleitet von jeweils einer Schülerin oder einem Schüler schlängelt sich durch das Haus bis in den Verkaufsraum. „Hoffentlich ist genug Schokolade da", meint eine Bewohnerin und eine Schülerin fragt unglaubwürdig „Ist es wirklich möglich, dass eine Bewohnerin soviel Schokolade essen kann?".
Durch den regelmäßigen Kontakt der Jugendlichen mit den BewohnerInnen legten sie ihre anfänglichen Hemmungen rasch ab. Inzwischen sind wertvolle zwischenmenschliche Beziehungen entstanden, Vorurteile wurden abgebaut, gegenseitiges Verständnis und Vertrauen sind gewachsen.

Die Bilanz nach den ersten beiden Jahren fällt durchwegs positiv aus. Der Markttag hat sich zu einer großen Bereicherung für die BewohnerInnen und die SchülerInnen entwickelt. Zur Einjahresfeier gab es Sekt und Brötchen. „Es ist einfach schön, wieder einmal kaufen zu können, was ich will. Der Markttag gibt mir die Möglichkeit, mir die Sachen genau anzusehen und zu überlegen, was ich haben möchte.", erzählt ein Bewohner. Auch das Resümee der SchülerInnen ist positiv: „Es ist schön, dass sich die BewohnerInnen freuen, wenn sie mich sehen. Ich plaudere gerne mit ihnen und höre mir Ihre Geschichten von früher an. Ich habe bei diesem Projekt gelernt wie man Menschen hilft und Verantwortung für andere übernimmt.". Solche Worte überzeugen.

*Je länger man lebt,
desto deutlicher sieht man,
dass die einfachen Dinge
die wahrhaft größten sind.*

LEONARDO DA VINCI'S MONA LISA

Endlich sind die Sommerferien vorbei und die Schulkinder kommen wieder ins Pflegeheim. Jeden letzten Donnerstag im Monat, pünktlich um 10.00 Uhr stürmen die vier Buben und drei Mädchen zum Haupteingang herein, gefolgt von ihrer Klassenlehrerin, die meist auf den letzten Metern zum Ziel von den Kindern abgehängt wird und als letzte den Gemeinschaftsraum betritt. Den Weg die Stiegen hinauf in den ersten Stock, dann links und schließlich durch die geöffnete Glasschiebetüre, kennen Patrick, Philipp, Milan, Manuel, Sabrina, Bianca und Lisa längst, kommen sie doch regelmäßig auf Besuch zu den alten Leuten um gemeinsam zu singen, basteln, kochen, Bewegungsübungen zu machen, spazierenzugehen oder ähnliches.

Anfänglich waren die gegenseitigen Kontakte noch scheu und befangen, die BewohnerInnen des Heimes sprachen von „den Kindern" und die SchülerInnen betitelten ihren Ausflug als „Besuch bei den alten Leuten". Mittlerweile begrüßen sie einander mit dem Namen, Berührungen finden statt, Freundschaften sind entstanden.

Die Kinder führen die SeniorInnen routiniert zu ihren Zimmern oder in den Speisesaal und füllen die sonst eher ruhige Atmosphäre mit Lachen, Tempo und viel Tatendrang.
Schon oft entlockte die Jugend der (Ur-)Großeltern-generation ein sanftmütiges Lächeln verschmolzen mit verständnislosem Kopfschütteln ob der Nichtigkeiten der altersgemäßen Reibereien und Diskussionen. Es tut so gut Leben zu spüren und ein Teil davon zu sein!

Bianca S., Schülerin, 13 Jahre

BewohnerInnen des Pflegezentrums Langenlois und SchülerInnen des Sonderpädagogischen Zentrums Langenlois auf den Spuren von Leonardo da Vinci's Mona Lisa

Heute ist wieder der vierte Donnerstag im Monat. Diesmal ist ein Kunstprojekt geplant, Leonardo da Vinci's Mona Lisa soll gemeinsam erforscht werden. Nach dem theoretischen Teil, der eine Kurzfassung über das Leben und Werk Leonardo da Vinci's beinhaltet, werden unter Zuhilfenahme des Beamers humorvolle Darstellungen der berühmten Mona Lisa betrachtet. Es folgt ein Quiz, wo Jung gegen Alt punktemäßig gegeneinander antreten (soviel Konkurrenzkampf darf schon sein). Dann schließt das Projekt mit der künstlerischen Umsetzung einer ganz persönlichen Mona Lisa ab. Für diesen Hauptakt, der auch die längste Zeit in Anspruch nimmt, gestalten alle TeilnehmerInnen eine Mona Lisa nach dem Originalvorbild, gepaart mit der eigenen Vorstellung und Kreativität. Was die SeniorInnen an Genauigkeit vorgeben, können die Schulkinder mit Originalität und Phantasie locker ausgleichen!

Die Arbeit ist geschafft, alle Werke sind fertig und seit diesem Zeitpunkt zieren etliche Mona Lisa-Werke mit lackierten Fingernägeln, bunten Hintergründen und etlichen anderen dazu erfundenen Accesoirs den langen Gang im Obergeschoss des Pflegeheimes.

Aber auf ausschließlich allen Bildern lächelt die Mona Lisa geheimnisvoll, so als wüsste sie, dass sie an diesem letzten Donnerstag im Monat dazu beigetragen hat, die Brücke zwischen Alt und Jung zu bauen.

Titel des Projektes
Das geheimnisvolle Lächeln der Mona Lisa

ProjektpartnerInnen
Pflegezentrum Langenlois
Sonderpädagogisches Zentrum Langenlois (SPZ)

Inhalt
Im Rahmen eines Kunstprojektes setzten sich Jung und Alt mit dem Leben und Werk Leonardo da Vinci's auseinander. Das Projekt schloss mit der künstlerischen Umsetzung einer ganz persönlichen Mona Lisa ab.

WOHER DIE BUTTER KOMMT

Schon vor zwölf Jahren hat die damalige Direktorin der Volksschule Mank die Idee geboren, mit Kindern der Volksschule regelmäßig die HeimbewohnerInnen des Landespflegeheims Mank zu besuchen. Ziel war es, die gegenseitige Anerkennung, Wertschätzung und Unterstützung zu fördern und auch voneinander zu lernen.

Seit damals kommen die Kinder einmal im Monat am Freitag vormittags zu einer gemeinsamen Stunde zwischen „Jung & alt". Es wird gesungen, gespielt, gelernt, gebastelt, gemalt und viel miteinander gelacht.

Als wieder einmal alle bei der gemeinsamen Jause saßen, fragte eine BewohnerIn die SchülerInnen „Kinder, wißt ihr eigentlich woher die Butter kommt"?
Die Antwort folgte prompt und war ganz einfach: „Aus dem Geschäft". Sehr amüsant für die BewohnerInnen. Gleich versuchten sie, die Entstehung der Butter zu erklären. Und da das Erklären allein einfach zu wenig ist, man muss doch auch selbst tun, kosten und schmecken, wurde sofort vereinbart, miteinander Butter zu rühren.

Bald war eine alte Butterrührmaschine organisiert und beim nächsten Treffen ging es ans Werk.

Selbst gemachte Kräuterbutter:
12 dag weiche Butter
Salz
weißer Pfeffer aus der Mühle
2 EL fein gehackte Kräuter nach Wahl (zum Beispiel Petersilie, Kerbel, Estragon, Basilikum, Salbei und fein geschnittene Schnittlauchröllchen)
1 TL Zitronensaft
1 Knoblauchzehe
Alufolie

Butter mit Salz und Pfeffer schaumig rühren und mit den Kräutern und dem Zitronensaft vermischen. Knoblauch schälen, durch die Presse drücken und unter die Butter rühren. Eine Rolle formen, in Alufolie wickeln und bis zur Verwendung gut kühlen.

Aus Schlagobers mach' Butter

Butter kannst du leichter selbst machen als du vielleicht denkst. Dazu brauchst du lediglich Schlagobers – 2 Becher, beziehungsweise nach Bedarf – und eine Butterrührmaschine. Wenn du solch ein Gerät nicht hast, genügt auch ein längliches Gefäß mit Deckel zum Schütteln. Wichtig ist, dass du den Schlagobers nicht direkt aus dem Kühlschrank nimmst, sondern eine Stunde vorher herausstellst, damit er Raumtemperatur bekommt.

Jetzt füllst du den Schlagobers in das Gefäß und verschließt es gut. Hast du eine Butterrührmaschine, geht es dir gut, du brauchst die Kurbel nur so lange zu drehen, bis erst geschlagener Schlagobers und dann richtige Butter daraus geworden ist. Hast du keine Butterrührmaschine, verschließt du den Becher gut bevor das Fitnessprogramm beginnt: Kräftig schütteln. Nach ungefähr 10 Minuten bildet sich die Butter. Die Flüssigkeit, die übrig bleibt, kannst du trinken: Das ist Buttermilch. Wenn du auf den sportlichen Teil verzichten möchtest, kannst du den Schlagobers auch mit dem Handrührgerät schlagen. Zuerst eine niedrige Stufe wählen und sobald der Klumpen immer dicker wird auf eine höhere Stufe schalten. Zwei bis drei Tage ist deine selbstgemachte Butter im Kühlschrank haltbar.

Im Landespflegeheim Mank waren die Kinder mit der alten Butterrührmaschine voll Begeisterung am Werk. Bald war es geschafft. Das Erstaunen war trotzdem groß. So einfach war es Butter selbst herzustellen?

Gleich wurden Butterbrote gestrichen. Dann verkosteten Jung und Alt die frisch gerührte Butter. Hmm, schmeckte das köstlich!

Mit allen Sinnen genossen, war dies ein sehr schöner und lehrreicher gemeinsamer Vormittag im Heim.

Titel des Projektes
Woher die Butter kommt
ProjektpartnerInnen
NÖ Landespflegeheim Mank – Marienheim
Volksschule Mank
Inhalt
Gemeinsam Butter rühren

Zeit für Ausfahrten, für Spiele und zum Plaudern widmen die SchülerInnen den BewohnerInnen des Landespflegeheimes Wilhelmsburg

FREUDE DURCH BEGEGNUNG

Freude durch Begegnung – unter diesem Motto motivieren seit 1998 die Lehrkräfte Daniela Weihs und Laszlo Kovacs SchülerInnen der 3. und 4. Klassen der Hauptschule Wilhelmsburg und der Polytechnischen Schule für freiwilligen Besuchsdienst im Landespflegeheim Wilhelmsburg. Die Kinder besuchen im Rahmen einer unverbindlichen Übung jede Woche „ihre" älteren Mitmenschen und schenken ihnen Zeit. Zeit, die zum Spielen, zum Plaudern oder für Ausfahrten genützt wird.

Nachfolgend einige beeindruckende Zahlen, die für sich selbst sprechen:

14 Jahre freiwilliger Besuchsdienst durch SchülerInnen
312 SchülerInnen haben das Heim seither besucht
24.336 Stunden oder
1.460.160 Minuten oder
87.609.600 Augenblicke mit den BewohnerInnen des Landespflegeheimes Wilhelmsburg gemeinsam verbracht.

Titel des Projektes
Freude durch Begegnung
ProjektpartnerInnen
NÖ Landespflegeheim Wilhelmsburg
Hauptschule Wilshelmsburg
Polytechnische Schule Wilhelmsburg
Inhalt
Freiwilliger Besuchsdienst durch SchülerInnen

Warum nehmen die SchülerInnen am Schulprojekt teil?

An welches besondere Erlebnis erinnern sich die SchülerInnen?

Mir macht es Spaß, mit den Leuten, Spiele zu spielen und sie zu unterhalten, dass sie sich freuen, dass wir her kommen. Wir haben auch jedes Mal Spaß hier. Es motiviert mich ins Altersheim zu kommen, weil alles was wir ihnen geben, von den Leuten auch wieder zurück kommt. Wie wir mit den Leuten Bingo gespielt haben, haben sie oft gelacht und man hat gemerkt, dass sie glücklich waren. Es ist schön zu sehen, dass sich die Leute freuen, wenn wir wieder hier her kommen. Ein großer Spaß ist es auch immer mit den Leuten, mit den Rollstühlen hinaus zu fahren, denn man kann sich mit ihnen auch sehr gut unterhalten und mehr über sie zu erfahren und über die frühere Zeit.

Gedanken der SchülerInnen über Ihre Besuche bei den alten Menschen im Heim

Laura 12 Jahre

Mir macht es großen Freude wenn wir kommen das wir den Leuten ein Lächeln ins Gesicht zaubern. Wenn wir Spiele spielen schummeln wir auch aber wir nehmen es mit Humor. Wie ich eine Frau kennengelernt habe die mir sehr gefallen hat. Sie war immer offen und nett. Sie hat mich immer am laufenden gehalten was im Heim so los ist. Gerne spiele ich mit ihr oder anderen Bewohnern Bingo. Ich höre dann immer von meiner Mutter das sie nach uns fragt und sich schon wieder freut wenn wir kommen.

Vanessa 14 Jahre

funny

Ein Lächeln ins Gesicht zaubern.
Freude schenken.

*Soziales Engagement.
Lernen für's Leben.*

> Ich gehe gern ins Altersheim, weil es sehr sozial und erfahrungsreich ist. Man kann fürs Leben lernen, dass alte Leute nicht immer griesgrämig und unfreundlich sind.
>
> Meine erste Ausfahrt mit Frau Trappl fand ich besonders. Sie ist eine fröhliche junggebliebene Frau.
> Einmal fuhr ich mit einer Frau, die jedes Fleckchen von Wilhelmsburg kannte und mir von ihrer Jugend erzählte.

Marlene, 13

Ich nehme an diesem Projekt teil, wegen den guten Erfahrungen die man davon mitnimmt und das man den alten Leuten etwas zurückgeben kann.

Besonders gut hat mir gefallen wo wir gemeinsam in einen Kreis Sitzfußball gespielt haben, aber es hat mir auch gut gefallen wo mir die BewohnerInnen die lustigen Geschichten von ihrem Leben erzählt haben.

Hannah, 13

Etwas zurückgeben wollen.
Zuhören und Spaß haben.

Die beiden Feuerwehren Maria Anzbach und Unter-Oberndorf besuchten mit einer großen Anzahl an aktiven Mitgliedern aber auch mit einer erfreulichen Anzahl an Mitgliedern der Feuerwehrjugend das Pflegeheim St. Louise in Maria Anzbach.

DIE FEUERWEHR ZU GAST IM PFLEGEHEIM

Die Feuerwehren Maria Anzbach und Unter-Oberndorf besuchten mit ihrer Feuerwehrjugend das Pflegeheim St. Louise in Maria Anzbach. Beide Feuerwehren waren mit einer großen Anzahl an aktiven Mitgliedern aber auch mit einer erfreulichen Anzahl an Mitgliedern der Feuerwehrjugend vertreten. Das Motto für diese Veranstaltung war: Zwei Feuerwehren für Ihre Sicherheit!

Die BewohnerInnen sollten Einblicke in das Feuerwehrwesen bekommen. Vor allem sollte der Besuch aber auch eine Abwechslung in den Alltag der BewohnerInnen bringen.

Es wurde über das Thema Sicherheit und Feuer und das richtige Verhalten im Brandfall gesprochen. Die beiden Feuerwehren brachten auch Fotos mit von diversen Übungen und Einsätzen und auch von der Feuerwehrjugend.

Gut vorbereitet zeigten die beiden Kommandanten den BewohnerInnen eine Präsentation, um einen Einblick in den Alltag eines Feuerwehrmannes

und einer Feuerwehrfrau sowie des Nachwuchses zu geben. Denn die Feuerwehr hat neben Einsätzen auch Übungen und Schulungen zu absolvieren und organisiert ebenso Wettbewerbe und Veranstaltungen.
Die BewohnerInnen zeigten sich sehr interessiert. So kam es noch zu einer angeregten „Fragestunde" über die unterschiedlichsten Aufgaben der Feuerwehren. Die Feuerwehrjugend bewies, dass sie die Fragen mit etwas Hilfe der Aktiven der Feuerwehr auch gut beantworten konnte.

Abschließend fand ein reger Austausch bei Kaffee und Kuchen statt. Man erinnerte sich an das Hochwasser und lauschte in einer gemütlichen Runde den Erzählungen über weitere Aufgaben und Einsätze der Feuerwehr.

Die BewohnerInnen erzählten auch von Ihren Kindern und Enkerln, die bei der Feuerwehr tätig sind. So mancher konnte sogar von seiner eigenen Erfahrung bei der Feuerwehr in jüngeren Jahren berichten. Es freute die BewohnerInnen sehr, dass so viele junge Mädchen und Burschen bei der Feuerwehr aktiv sind und sich an diesem Tag auch die Zeit für einen Besuch genommen haben.

Titel des Projektes
Die Feuerwehr zu Gast
ProjektpartnerInnen
Haus St. Louise – Barmherzige Schwestern Maria Anzbach Feuerwehren Maria Anzbach und Unter-Oberndorf mit der Feuerwehrjugend
Inhalt
Informationen zu Brandschutz und Sicherheit sowie über die Aufgaben der Feuerwehr

MÄRCHENSTUNDE IM PFLEGEHEIM

Für alle Kinder, die gerne Märchen hören, ist die Märchenstunde im Pflegeheim Türnitz in den letzten Jahren zu einem Fixpunkt des Türnitzer Ferienspiels geworden.
Beim Wort „Märchen" steigen in uns im deutschsprachigen Raum jede Menge Erinnerungen auf – vor allem an die Gebrüder Grimm: Rotkäppchen, Aschenputtel, Dornröschen, ...
Märchen sind frei erfundene, wunderbare Geschichten – nicht nur für Kinder. Auch die SeniorInnen verknüpfen sehr viele Erinnerungen mit Märchen. Manchmal werden sie beim Türnitzer Ferienspiel noch für das Vorlesen gewonnen, wie Frau M. aus dem Landespflegeheim Türnitz.
Und wie sie sich freute, den Kindern eine Geschichte vorlesen zu dürfen! Gleichzeitig verunsicherte sie der Gedanke sehr, vor einem größeren Publikum laut vorlesen zu „müssen".
Die Kinder kamen teilweise mit ihren Eltern zur Märchenstunde und setzten sich auf die vor dem Schaukelstuhl ausgebreitete Decke. Auch viele BewohnerInnen des Pflegeheimes wollten teilnehmen. Der Saal füllte sich und alle fieberten der Lesestunde gespannt entgegen. Frau M. wurde immer nervöser. Sie fürchtete ausgelacht zu werden, wenn sie sich verspricht.
Hänsel und Gretel, das war das Märchen, welches sie sich selbst zum Vorlesen ausgewählt hatte.
Ein wenig zögernd und leise begann sie verstärkt durch ein Mikrofon vorzulesen. Doch nach einer kurzen anfänglichen Unsicherheit las sie das Märchen mit starker Stimme bis zu Ende. Die Kinder saßen gespannt und mit weit geöffneten Augen vor dem Schaukelstuhl und folgten ihren Worten.

Gedanken einer Bewohnerin zum Thema Märchen:
Wenn jemand bis ins hohe Alter gesund bleibt, dann ist das ein Märchen.
Glücklich, der sagen kann, mein Leben war ein Märchen.
Schön wäre es, wenn das Leben nur ein Märchen wäre (denn Märchen gehen immer gut aus).

Im Zuge des Türnitzer Ferienspieles findet eine **Märchenstunde** im Landespflegeheim Türnitz am Freitag, den 06. Juli 2012 von 10-11 Uhr statt.

Der Applaus ließ nicht auf sich warten, da erzählte Frau M. mit strahlenden Augen und voller Stolz: „Für mich ist es das erste Mal nach 80 Jahren, dass ich etwas laut vor mehreren Menschen vorgelesen habe. Das letzte Mal war ich noch in der Schule". Wie alt die Vorleserin wohl gewesen ist, fragen Sie sich? 91 Jahre.
Und nach einer kurzen Pause entschloss sie sich zwei weitere Märchen vorzulesen.

Schließlich gab es eine gemeinsame Jause mit Butterbrot mit Schnittlauch und Saft und die bewundernden ZuhörerInnen stellten fest, dass man auch im Pflegeheim noch einiges erleben kann …
Menschen wollen gefordert werden – in jedem Alter.

Märchen zählen zu einer bedeutsamen und sehr alten Textgattung, sie treten in allen Kulturkreisen auf. Beim Wort „Märchen" kommen uns im deutschsprachigen Raum jede Menge Erinnerungen vor allem an die Gebrüder Grimm hoch: Rotkäppchen, Aschenputtel, Dornröschen, … Märchen sind frei erfunden. Charakteristisch für Märchen ist unter anderem das Erscheinen phantastischer Elemente in Form von sprechenden Tieren und Zaubereien mit Hilfe von Hexen oder Zauberern sowie Riesen. Gut und Böse werden im Märchen klar getrennt, häufig in Form von guten und bösen Figuren. Inhaltlich steht meist ein Held im Mittelpunkt, der Auseinandersetzungen mit guten und bösen, natürlichen und übernatürlichen Kräften bestehen muss. Am Ende eines Märchens wird das Gute belohnt und das Böse bestraft.

Hänsel und Gretel (Liedtext)

Hänsel und Gretel verliefen sich im Wald.
Es war so finster und auch so bitter kalt.
Sie kamen an ein Häuschen von Pfefferkuchen fein.
Wer mag der Herr wohl von diesem Häuschen sein?

Hu, hu, da schaut eine alte Hexe raus!
Lockte die Kinder ins Pfefferkuchenhaus.
Sie stellte sich gar freundlich, o Hänsel, welche Not!
Ihn wollt' sie braten im Ofen braun wie Brot.

Doch als die Hexe zum Ofen schaut hinein,
Ward sie gestoßen von unserm Gretelein.
Die Hexe mußte braten, die Kinder geh'n nach Haus.
Nun ist das Märchen von Hans und Gretel aus.

Titel des Projektes
Märchenstunde im Pflegeheim
ProjektpartnerInnen
NÖ Landespflegeheim Türnitz
Türnitzer Ferienspiel
Inhalt
Während des Türnitzer Ferienspiels finden Märchenstunden im Pflegeheim statt

LANDWIRTSCHAFT EINST UND HEUTE

Einer der Ausflüge des Landespflegeheimes Mistelbach führte in den Sommermonaten in die Landwirtschaftliche Fachschule, die so genannte „Winzerschule" in Mistelbach. BewohnerInnen, haupt- und ehrenamtliche MitarbeiterInnen und SchülerInnen machten sich gemeinsam auf den Weg, um sich über die landwirtschaftliche Arbeit einst und heute auszutauschen. Was sich da doch alles geändert hat!

Schon während des Spazierganges zu Beginn des Ausfluges kam es zu lebhaften Gesprächen zwischen den Generationen. Bei den BewohnerInnen wurden viele Erinnerungen wach, wie hart und schwer das Arbeitsleben damals auf dem Feld und auf dem Hof war. Sie bestellten das Feld noch mit Ochs- oder Pferdegespann. Heute verrichten und erleichtern diese Arbeiten moderne Arbeitsgeräte.

Dennoch hat es damals auch viel Freude gemacht und Gemeinschaft gegeben. Zum Beispiel bei der Weinlese, beim „Federnschleißen", beim „Kukuruz rebeln" und beim „Korn dresch'n".

In der Landwirtschaftlichen Fachschule besichtigten die beiden Generationen schließlich miteinander die tierfreundliche Viehhaltung und Arbeitsgeräte von damals und heute. Denn auch bei der Tierhaltung hat sich einiges verändert. Waren früher Schwein und Rind im Stall untergebracht, so steht heute die artgerechte Tierhaltung bzw. Freilandhaltung im Vordergrund.

Artgerechte Tierhaltung bzw. Freilandhaltung in der landwirtschaftlichen Fachschule.

Titel des Projektes
Landwirtschaft einst und heute
ProjektpartnerInnen
NÖ Landespflegeheim Mistelbach – Franziskusheim
Landwirtschaftliche Fachschule Mistelbach
Inhalt
Gemeinsamer Ausflug der Generationen und Austausch über die Arbeit in der Landwirtschaft einst und heute

Die Kinder von damals hatten ihre speziellen Aufgaben am Hof. Nicht selten waren die Tiere ihre Spielkameraden, wie folgende Geschichte erzählt:

Ein Mädchen, kaum sechs Jahre alt, hatte sich eine kleine Ziege als Spielkameraden ausgesucht, mit der sie gerne Spaziergänge zum Nachbarhof unternahm. Eines Tages erblickte die Ziege die schönen Blumen in Nachbars Garten und rannte drauf los. Da die Ziege mittlerweile gewachsen war, konnte das Mädchen das Tier nicht mehr zurückhalten. Genussvoll verschlang die Ziege die zarten Blumenblüten und Blätter. Als der Nachbar aus dem Haus kam, sah er das Malheur. Alle Blumen waren kahl gefressen und ein erschrockenes, ängstliches Kind sah ihn mit großen Augen an. So schnell das Mädchen konnte sprang es auf und rannte mit ihrer Ziege nach Hause.

Der Ausflug endete mit einer gemütlichen Heurigenjause, die den SchülerInnen und BewohnerInnen nochmals die Möglichkeit gab einander zu erzählen wie es früher war und wie es heute ist in der Landwirtschaft.

Vergessene Arbeiten

Das Federnschleißen

Jede Mutter war bestrebt der Tochter zur Hochzeit Tuchenten und Pölster mitzugeben. Am Hof wurden Enten und Gänse gehalten, die einerseits einen köstlichen Feiertagsbraten lieferten, andererseits Federn für die Tuchenten und Pölster. Um die Federn auch zu vermehren, wurden diese Gänse vor der Mauser gerupft. Bei der Schlachtung achtete man peinlich darauf, dass kein Blut auf die Federn kommt, denn durch dieses wurden später die Motten angelockt.

Das Federnschleißen war ein Ritual an den Herbst- oder Winterabenden, wenn die Arbeiten am Feld und im Weingarten ruhte. Nun war mehr Zeit, die monatelang zuvor gesammelten Federn der hauseigenen Gänse und Enten hervorzuholen. Die Frauen halfen einander beim Schaffen einer Polster- oder Tuchentfülle. Einige Tage vor dem Federnschleißen wurden die Frauen in der Nachbarschaft und die Freundinnen verständigt und die Federn in wärmere Räume gebracht, denn warme Federn ließen sich leichter verarbeiten.

Es wurde viel gebacken und am Abend versammelten sich die Frauen um den großen Küchentisch. In der Mitte wurde ein riesiger Federhaufen platziert. Alle Fenster und Türen mussten geschlossen bleiben, damit kein Luftzug entstand, der die Federn im Raum verteilen konnte. Jede einzelne Feder war sehr wertvoll - die kleinen weißen am wertvollsten - weil am weichsten. Auch Husten, Niesen und hastige Bewegungen waren verpönt, da das Federmaterial leicht in Bewegung kam. Von jeder einzelnen Feder wurde nun der Flaum vom Kiel gezogen und der Kiel unter den Tisch geworfen. Das Abgeschlissene – der Flaum – wurde in selbstgenähte Polster- und Tuchentinlets gefüllt. So entstand das handgemachte, warme Bettzeug für die Hausfrau und ihre Familie. Es dauert Stunden, oft Tage bis alle Federn geschlissen und die gemeinsame Arbeit und das Zusammenhelfen beendet werden konnte. Dann wurde zusammengeräumt, die Kleider soweit es ging vom Flaum abgeklopft und man setzte sich wieder um den Tisch und genoss Tee mit Kuchen. Das Federnschleißen war stets auch ein sehr geselliges Beisammensein. Neben dem allgemeinen Dorftratsch wurde viel über Dinge gesprochen, die die Frauen bewegte. Es war jedes Mal eine gesellige, lustige Runde, bei der auch das Ausleben der zwischenmenschlichen Beziehungen einen hohen Stellenwert hatte.

Korn dreschen wie in alten Zeiten

Es ist noch gar nicht so lang her, dass die Bauern mit der Sichel auf die Felder zogen und mit dem Dreschflegel das geerntete Korn aus den Ähren gewannen. Beim Dreschen mit dem Flegel standen Bauern um das auf einer harten Unterlage, der Tenne, ausgebreitete Getreide herum. Mit dem Stiel wurde der gesamte Dreschflegel so durch die Luft geschleudert, dass die vorne angebrachte Keule mit großer Kraft auf die auf dem Boden liegenden Getreidebündel aufschlug. Auf diese Weise wurden die Getreidekörner aus den Ähren herausgedroschen. Dazu mussten sich die Bauern aufeinander einstimmen, um den richtigen Dreschtakt zu finden.
Erst zu Beginn des 20. Jahrhunderts wurde der Dreschflegel in der Landwirtschaft durch die

Das Federschleißen war eine Arbeit der Frauen im Winter: „Von Gänsefedern den Flaum von den Kielen abziehen". Mit dem Flaum wurden Tuchenten und Pölster gefüllt.

Dreschmaschine und dann, in den 1950er und 1960er Jahren, durch den Mähdrescher ersetzt. Doch auch die Technologie, die in den 50er Jahren des letzten Jahrhunderts die Felder beherrschte, ist heute längst in Vergessenheit geraten. Es ist ein Schauspiel, einen alten Lanz Bulldog mit der Lötlampe zum Leben zu erwecken. Denn die Glühkerze war 1930 noch nicht erfunden, als der Traktor gebaut wurde. Bereits zuvor hat man die Dreschmaschine in Position gebracht und in Waage gestellt. Das war wichtig, sonst lief der Riemen vom Antriebsrad herunter. Lief der Traktor rund, wurde der Riemen um die Leerlaufscheibe des Motors gelegt. Polternd setzte sich die Dreschmaschine in Gang. Oben standen zwei Männer, die Getreidegarben in die Öffnung warfen. Die Bündel fielen in die Dreschtrommel und wurden von Schlagleisten bearbeitet. Das Trommelsieb ließ nur die Weizenkörner durch seine Maschen. Der Rest wanderte weiter zur Schütteleinheit, die noch einmal sauber das Spreu vom Stroh trennte und beides nach draußen beförderte. Dort standen zwei weitere Männer und schichteten das hervorwirbelnde Material zu schnell wachsenden Bergen auf. Der ausgedroschene Weizen hingegen wurde von einem Elevator zur Abfülleinheit transportiert. Dort war ein Mann als „Absacker" eingeteilt. Mehrere Bürsten und Siebe trennten noch einmal den Weizen vom letzten Spreu. Der mit Getreide gefüllte Anhänger leerte sich sichtlich und schon bald standen die gefüllten Säcke neben der Maschine.

Kartoffeln wurden früher mit der Hand auf den Feldern aufgelesen und in Säcke gefüllt. Am Abend wurden diese Säcke auf Anhänger mit Muskelkraft aufgeladen und abtransportiert. Eine Arbeit, die heute undenkbar wäre. Die Kartoffelernte läuft mit Kartoffelvollerntemaschinen.

Kartoffelkäfer Suchtage

Eintrag in der Schulchronik:
„23.Juni 1950: 2. Kartoffelkäfer-Suchtag. Die Kinder der 4. und 3. Klasse (8. bis 4. Schuljahr) und die Schüler der Ackerbauschule, sowie die bäuerliche Bevölkerung, in je 10 Gruppen aufgeteilt, nehmen daran Teil. Es wurde kein Schädling gefunden."

„21. Juli 1950: 3. Kartoffelkäfer-Suchtag. Es wurden keine Käfer gefunden."

„25. August 1950: Letzter Kartoffelkäfer-Suchtag. Teilnehmer: 10 Schüler der Volksschule der 4. Klasse, 10 Ackerbauschüler, Herr Hofer, Bauer von No 20, und eine Arbeiterin der Bauernwirtschaft des Herrn Leopold Ricker. Fünf Gruppen verteilten sich strahlenförmig, um die Kartoffeläcker abzusuchen, kleine Flaschen mit etwas Petroleum wurden mitgenommen, um im Falle des Antreffens von Käfern oder Larven sie dort aufzubewahren. Es wurden kein Käfer gefunden."

Quellen: Internet, NÖ Dorf-Stadterneuerung - Dokumentation Obersiebenbrunn, Vergessene Arbeiten sowie www.landsberg-lese.de

VOM GEMEINSAMEN TÖPFERN

Das Landespflegeheim Arche Stockerau bekam im Jahr 2010 neue Nachbarn. Unmittelbar neben dem Pflegeheim wurde der Kindergarten St. Koloman eröffnet. Es lag im wahrsten Sinne des Wortes sehr nahe, eine Zusammenarbeit zu gestalten. Inzwischen ist die anfängliche Scheu auf beiden Seiten schon lange einem bereichernden Miteinander gewichen.

Die BewohnerInnen der Arche Stockerau besuchen einmal pro Woche den benachbarten Kindergarten und verbringen dort Zeit mit Spielen, Erzählungen, Malen, Basteln, Backen und Singen. Im Gegenzug werden die „Nachbarkinder" zum Töpfern ins Heim eingeladen.

Durch den regelmäßigen Kontakt zwischen Heim und Kindergarten sind in den letzten Jahren auch größere Projekte entstanden, zum Beispiel der „Brunnen des Lebens" oder die gemeinsam gestaltete Fahne, die zwischen den beiden Häusern weht.

Das Motorboot

Es war wieder soweit. Die Kinder kamen zum Töpfern ins Heim. Als Vorarbeit zum Töpfern wählten wir Knetmasse. Sie stand in unterschiedlichen Farben zur Auswahl. Die Knetmasse liegt gut in der Hand und weckt bei so manchen BewohnerInnen Erinnerungen an Kekse und Strudel.
Anfangs arbeiteten alle für sich. Es entstanden Brezel, Blumen und vielerlei Gebilde – der Fantasie waren keine Grenzen gesetzt.

Dann rückte ein kleines Mädchen näher an eine 89-jährige Bewohnerin heran. Gespannt verfolgte das Mädchen ihre Arbeit und sagte dann unvermittelt: „Bau mir bitte ein Motorboot!"

Stille.
Nach einiger Zeit antwortete die alte Dame: „Aber

„Der Brunnen des Lebens" ist in einem Gemeinschaftsprojekt zwischen dem Landespflegeheim Arche Stockerau und dem Kindergarten St. Koloman entstanden.

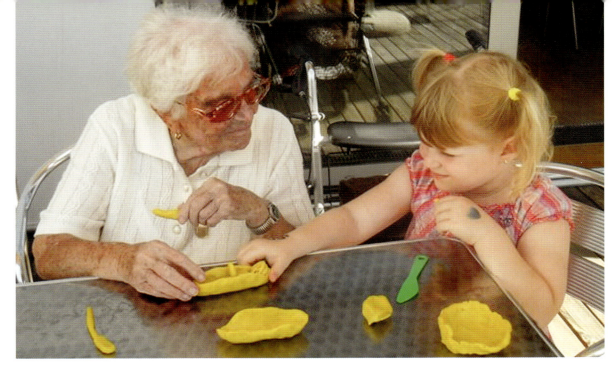

Titel des Projektes
Miteinander töpfern
ProjektpartnerInnen
NÖ Landespflegeheim Arche Stockerau
NÖ Landeskindergarten St. Koloman
Inhalt
Eine gemeinsame Töpferstunde zwischen Jung und Alt im Heim

Kind, das kann ich doch nicht. Ich weiß ja gar nicht wie so ein Motorboot ausschaut!"

Das Mädchen ließ nicht locker: „Bitte, bitte bastle mir so ein Boot. Ich will unbedingt eines haben!"

Die alte Damen zeigte sich nach wie vor verunsichert: „Aber meine Finger …", weiter kam sie nicht.

Resolut fiel ihr die junge Dame ins Wort, drückte ihr einen Klumpen Knetmasse in die Hand und meinte: „Probier`s doch einfach, ich will es!"

Gewünscht – getan. Die Bewohnerin gab dem Drängen des Kindes nach und fertigte mit ihren von Arthrose gezeichneten Händen aus der gelben Knetmasse ein Boot.

Verunsichert übergab sie dem Mädchen das Werk mit den Worten: „Motorboot ist es zwar keines, aber immerhin ein Boot".

Da aber blickte sie das Mädchen verwundert mit großen, blauen Augen an. „Brumm, brumm, …" ahmte die Kleine ein Motorengeräusch nach: „Du hast es geschafft, das ist ein Motorboot!"

Die Freude und der Stolz über das gemeinsam geglückte Werk waren auf beiden Seiten sichtbar. Die alte Dame strahlte an diesem Tag. Sie hatte erfahren, dass sie ein Kind glücklich machen kann.

Fantasie ist wichtiger als Wissen, denn Wissen ist begrenzt.

Albert Einstein

Jung und Alt gemeinsam beim Backen

Hmm, das schmeckt köstlich! Kekse und Kuchen aus dem gemeinsamen Backbuch der Kinder und BewohnerInnen. So werden alte Rezepte an die junge Generation weitergegeben.

Es hat Tradition im Landespflegeheim Wallsee, dass Kinder die BewohnerInnen des Hauses besuchen und gemeinsam vielerlei Aktivitäten stattfinden. So kommen Kinder von Kindergärten, Schulen, Firmgruppen, Erstkommunionskinder, Kinder aus der Kindertheatergruppe Wallsee, Spielgruppenkinder und auch Kinder von MitarbeiterInnen des Heimes auf Besuch.

Das gemeinsame Backen mit den BewohnerInnen macht besonders viel Freude. In der Vorweihnachtszeit werden köstliche Kekse hergestellt, zum Klimaaktionstag gesunde Bioweckerl aus Vollkorn und das Jahr hindurch verschiedenste Mehlspeisen mit saisonalen Früchten wie Ribiselschnitten, Apfelstrudel, Erdbeertorte oder Kirschenkuchen.

Während des Backens entstehen oft heitere Gespräche und Erinnerungen an frühere Zeiten. „Kocherfahrungen" werden ausgetauscht und soziale Kontakte geknüpft. Während es im Backrohr zu duften beginnt, wird der Tisch für die gemeinsame Jause nett gedeckt, denn die köstlichen Mehlspeisen wollen natürlich miteinander mit Kaffee und Kakao verkostet werden.

Auch erheiternde Hoppalas geschehen manchmal. Zum Beispiel als einmal im Teig für eine Biskuitroulade anstatt Zucker Salz landete. Beim Auftragen des wunderbar gelungenen Teiges auf das Backblech schleckte eine Heimbewohnerin einen Teigrest vom Kochlöffel. Bis heute sind ihr Gesichtsausdruck und ihr Aufschrei „Das schmeckt ja furchtbar!" in Erinnerung geblieben und sorgen nach wie vor für Erheiterung.

In der Ausbildung zur Ehrenamtskoordinatorin ist die Idee entstanden, mit Kindern und den HeimbewohnerInnen gemeinsam ein selbst geschriebenes Kochbuch mit alten Keksrezepten zu gestalten. Hier ein altes Rezept aus dem gemeinsamen Kochbuch:

Mostkeks

Zutaten:
40 dag Butter, 40 dag Mehl, 7 EL Most oder Wein

Zubereitung:
Aus den Zutaten einen Teig kneten und dünn ausrollen. Scheiben ausstechen und mit Marmelade füllen. Die Scheibe zusammen schlagen und am Rand fest drücken.
Bei 160 Grad backen. Mit Staubzucker bestreut servieren.

Titel des Projektes
Jung und Alt gemeinsam beim Backen
ProjektpartnerInnen
*NÖ Landespflegeheim Wallsee –
St. Severinheim
Kinder von Kindergärten, Schulen,
Firmgruppen, Erstkommunionskinder,
aus der Kindertheatergruppe Wallsee,
Spielgruppenkinder und Kinder von
MitarbeiterInnen*
Inhalt
Gemeinsames Backen

WASCHTAG IM AUGUSTINERHEIM

Die Bewohnerinnen erzählten ihren kleinen Gästen aus dem Kindergarten wie früher ein Waschtag ausgesehen hat. Wäschewaschen war eine sehr anstrengende Tätigkeit, da es ja noch keine Waschmaschinen gegeben hat. Das Wasser musste mit Kübeln aus dem Brunnen geholt werden und anschließend wurde es in einem Wasserkessel heiß gemacht. Dazu musste man Feuer machen, um das Wasser im Kessel zu erhitzen. Darin wurde die Wäsche ausgekocht und mit einem Wäscheheber aus Holz umgerührt. Ein Wäscheheber sieht aus wie ein großer Kochlöffel.

Sehr schmutzige Wäsche wurde schon am Vortag in Waschtrögen aus Holz eingeweicht. Es wurde Kernseife, Schmierseife oder Soda verwendet um die Wäsche sauber zu bekommen. Waschpulver, wie wir es heute kennen, gab es damals nicht. Auch aus Holzasche wurde Lauge hergestellt. Damit wurde die weiße Wäsche besonders strahlend.

Die kleinen Gäste im Augustinerheim beim Wäschewaschen mit der Waschrumpel.

Wäsche, die sehr schmutzig war, musste im Waschtrog auf einem Waschbrett hin- und hergerieben werden und Flecken wurden mit einer Bürste herausgewaschen.

Große Wäschestücke wurden mit dem Wäschestampfer bearbeitet, um den Schmutz aus den Stoffen herauszupressen.

Nachdem die Wäsche sauber war, musste sie noch geschwemmt werden, das heißt, es musste die Lauge aus den Wäschestücken herausgewaschen werden. Dieser Vorgang wurde einige Male wiederholt. Danach wurde die Wäsche ausgewrungen und aufgehängt. Das passierte im Winter auf dem Dachboden und im Sommer im Garten.

Wir hatten einen alten Wäschestampfer und einige Waschbretter - oder wie wir sie auch nennen - „Waschrumpeln" mitgebracht. Sie wurden von den Kindern sehr bestaunt und sie konnten sich nicht vorstellen, wie man mit diesen gerillten Brettern Wäsche wäscht.

Das musste ausprobiert werden. Wir füllten ein Plastikgefäß mit Wasser und die Bewohnerinnen zeigten den Kindern anhand eines Handtuches wie die Waschbretter benutzt wurden. Mit einer Kernseife wurde das Handtuch eingeseift und dann wurde es mit Hilfe des Waschbrettes gewaschen. Alle Kinder wollten natürlich probieren. Es machte den Kindern sehr großen Spaß und auch für die Bewohnerinnen war es schön, ihre Erfahrungen von früher weiterzugeben. Zum Schluss waren alle Kinder naß und das Handtuch war sicher noch nie so sauber!

Ein altes Kinderlied

Zeigt her eure Füße,
Zeigt her eure Schuh,
Und schauet den fleißigen Wäscherinnen zu.
Sie waschen, sie waschen
sie waschen den ganzen Tag
Sie waschen, sie waschen
sie waschen den ganzen Tag.

Sie schwemmen, sie schwemmen
sie schwemmen den ganzen Tag.
Sie schwemmen, sie schwemmen
sie schwemmen den ganzen Tag.

Sie wringen, sie wringen
sie wringen den ganzen Tag ...

Sie hängen, sie hängen
sie hängen den ganzen Tag ...

Sie tratschen, sie tratschen
sie tratschen den ganzen Tag...

Sie legen, sie legen
sie legen den ganzen Tag ...

Sie bügeln, sie bügeln
sie bügeln den ganzen Tag ...

Sie tanzen, sie tanzen
sie tanzen den ganzen Tag....

Sie ruhen, sie ruhen
sie ruhen den ganzen Tag ...

Titel des Projektes
Waschtag im Augustinerheim
ProjektpartnerInnen
*NÖ Landespflegeheim Korneuburg –
Augustinerheim
Kindergarten Korneuburg*
Inhalt
Wäschewaschen wie früher – die BewohnerInnen des Augustinerheimes erzählten ihren jungen BesucherInnen wie früher ein Waschtag abgelaufen ist. Das musste auch gleich ausprobiert werden.

JA! JUNG UND ALT MITEINANDER

Im Herbst 2011 fiel im „Barbaraheim" Gänserndorf der Startschuss zum Pilotprojekt „Ja! Jung & Alt, miteinander", die feierliche Abschlussveranstaltung fand im Juni 2012 statt. Was ist in diesem Schuljahr geschehen?

Initiator des Projektes ist der ehemalige Lehrer am Konrad Lorenz Gymnasium (KLG) Mag. Bernhard Sofaly. Begleitet wurde das Projekt durch die NÖ Dorf- und Stadterneuerung, Mag.ª Friederike Tagwerker. Unterstützung gab es vom Elternverein des KLGs, der RAIKA Gänserndorf und dem LIONs-Club.

16 SchülerInnen der 6. und 7. Klassen des Konrad Lorenz Gymnasiums (KLG) hatten sich für eine unverbindliche Übung angemeldet, um mehr über das Altern und den Umgang mit pflegebedürftigen Menschen in Theorie und Praxis zu lernen. In vier Fachvorträgen wurden von ExpertInnen die Themen physisches und psychisches Altern, Gesundheitsvorsorge, Pflege und Abschied nehmen sowie Hospiztätigkeit aufbereitet.

Die praktischen Erfahrungen dazu wurden in regelmäßigen Abständen im benachbarten Landespflegeheim „Barbaraheim" gesammelt – Kennenlernen, gemeinsame Aktivitäten – Singen, Spielen, Basteln, Besuch des Gymnasiums, Ausflug ins Landhaus St. Pölten – und Veranstaltungen wie das Faschingsfest mit den BewohnerInnen trugen zum besseren Verständnis füreinander bei und erweiterten den Horizont nach beiden Seiten.

Auf begleitende Intervision zwischen den einzelnen Einheiten wurde an der Schule großer Wert gelegt. Auch in verschiedenen Unterrichtsfächern wurde in diesem Schuljahr der Schwerpunkt auf die ältere Generation gelegt.

Ziele des Projektes sollte unter anderem die Förderung eines besseren Miteinanders zwischen Jung & Alt sein, der Abbau von Vorurteilen und damit verbunden ein Verständnis einer Generation für die andere. Persönliche, freudvolle Begegnungen zwischen Jung & Alt boten die Möglichkeit einander kennenzulernen und Lebenserfahrungen auszutauschen.

Für die SchülerInnen standen das Erlernen von Fachkompetenz sowie das Stärken der eigenen Sozialkompetenz im Vordergrund. Für den Praxisnachweis gab es ein Diplom und eine Urkunde und auch im Schulzeugnis der SchülerInnen findet er sich wieder. Nicht zuletzt kann das Projekt auch eine Entscheidungshilfe für eine Berufswahl mit Schwerpunkt Soziales sein.

Für die SeniorInnen stellten vor allem der Kontakt zur „Außenwelt", das Kennenlernen von neuen Ansichten, die Kommunikation und der Zeitvertreib eine willkommene Abwechslung zum Heimalltag dar. Die Weitergabe von Lebenserfahrung erlebten sie oftmals als eine große Bereicherung.

Die regelmäßigen Einzeltreffen der SchülerInnen und SeniorInnen wurden durch Aktivitäten in der Gruppe ergänzt, wie zum Beispiel vorlesen, spazieren gehen, einkaufen, spielen, Computer, Brauchtumspflege, Singen etc. und durch Supervision begleitet.
Eine gemeinsame Abschlussveranstaltung zum Pilotprojekt JA! fand im Juni 2012 statt. Schülerinnen präsentierten den Gästen einen Rückblick mit Fotos und auch eine Bewohnerin berichtete von ihren Erfahrungen. Eine Interviewrunde mit dem Projektteam rundete den inhaltlichen Teil der Veranstaltung ab.

Die Projektstruktur ist so aufgebaut, dass sie niederösterreichweit ausgedehnt werden kann.

Inzwischen gibt es weitere Institutionen, die diese Projektidee aufgegriffen haben: eine SchülerInnengruppe der Polytechnischen Schule in Zistersdorf besuchte ab März 2012 fast wöchentlich die BewohnerInnen des Landespflegeheimes „Haus Elisabeth". Gemeinsam wurde gespielt und gebastelt, das Gedächtnis trainiert, die Schule besucht, an einer Musikveranstaltung im Landespflegeheim teilgenommen und verglichen: Musikgeschmack früher und heute. Ein Besuch des Heimatmuseums und das Ausprobieren von Simulationsanzügen – „Wie fühlt es sich an, alt und krank zu sein?" – standen ebenfalls auf dem Programm.

Die Campus Mittelschule Orth/Donau (CMO) hat sich ebenfalls für das Projekt entschieden. Auch hier werden bereits bestehende Kontakte mit dem Landespflegeheim „Haus St. Michael" über das Projekt JA! institutionalisiert. An guten Ideen für gemeinsame Aktivitäten im Sinne eines gelebten Miteinanders ohne Berührungsängste mit gegenseitigem Vertrauen mangelt es nicht.

Titel des Projektes
Ja! Jung & Alt, miteinander
ProjektpartnerInnen
NÖ Dorf- und Stadterneuerung
NÖ Landespflegeheim Gänserndorf – Barbaraheim
Konrad Lorenz Gymnasium Gänserndorf
NÖ Landespflegeheim Zistersdorf – Haus Elisabeth
Polytechnische Schule Zistersdorf
NÖ Landespflegeheim Orth/Donau – Haus St. Michael
Campus Mittelschule Orth/Donau (CMO)
NÖ Landesakademie
NÖ Landesschulrat
Inhalt
Entwicklung einer unverbindlichen Übung an den Schulen, um mehr über das Altern und den Umgang mit pflegebedürftigen Menschen in Theorie und Praxis zu lernen. Weiters Fachvorträge von ExpertInnen zu Themen wie physisches und psychisches Altern, Gesundheitsvorsorge, Pflege und Abschied nehmen, Hospiztätigkeit, ergänzt mit praktischen Erfahrungen in Heimen.

GLÜCKSMOMENTE

Eines Morgens öffneten die Kindergartenkinder die Gartentür und gingen hinaus auf die große Wiese vor dem Haus. Plötzlich bekamen sie die Idee, Menschen Freude zu machen und Ihnen viele bunte Blumen zu pflanzen.

Den Kindergartentanten gefiel die Idee sehr gut und sie schlugen vor ins Alten- und Pflegeheim nach Laxenburg zu fahren. Sie sagten zu den Kindern: „Kinder, wir müssen vorher noch Material besorgen, bitte beeilt Euch". Die Kinder antwortetet: „Ja, Ja wir kommen und helfen Euch". Sie zogen sich gleich um und stürmten aus dem Haus.

Zwei Tage später fuhren die Kinder mit ihren Kindergartentanten Richtung Laxenburg. Neugierig öffneten sie die Türe des Heims und sahen die alten Menschen, die Freude in den Augen hatten.

Alle haben sich gleich an die Arbeit gemacht, mischten Erde zusammen, bemalten Blumentöpfe, setzten Blumen ein und haben immer wieder viel gelacht und geplaudert.

Am Nachmittag haben sie sich zu einer gemeinsame Jause gesetzt und waren sich einig, solche Tage werden wir wiederholen müssen. Denn die Kinder haben miterlebt, dass ältere Menschen zuhören können. Und dass sie manchmal auch krank sind und sich freuen, wenn sie Besuch bekommen.

Die Bewohner und Bewohnerinnen im Pflegeheim fanden die Zeit mit den Kindern großartig und interessant. Sie wurden noch einmal an ihre Kindheit erinnert, da kommen die Träume wieder.

Die Kinder besuchten „ihre Opas und Omas" nun öfter – auch einfach nur so, um ihnen das Gefühl zu geben, gebraucht zu werden.

Vielen bunte Blumen pflanzen und Glücksmomente schenken, das wurde im Alten- und Pflegeheim Laxenburg mit den Kindergartenkinder Wirklichkeit.

Titel des Projektes
Glücksmomente
ProjektpartnerInnen
*Kreuzschwestern Laxenburg Alten- und Pflegeheim GmbH – Haus Elisabeth
Kindergarten der Kreuzschwestern
Murlingengasse 1120 Wien*
Inhalt
Gemeinsam Blumentöpfe bemalen und Blumen pflanzen

WIE SCHÖN, DASS DU GEBOREN BIST ...

Wir haben das große Glück, ein Pflegeheim mit einem integrierten Kindergarten zu sein. Neben unseren 77 BewohnerInnen ist bei uns auch eine Kindergartengruppe zu Hause, die uns allen sehr viel Freude bereitet. Der Schwerpunkt dieses Kindergartens ist „Integrative Pädagogik – Jung und Alt unter einem Dach".

Unsere 15 „Zwerge" sind der Sonnenschein des Hauses – die gemeinsamen Aktivitäten sind immer ganz besondere Höhepunkte im Heimalltag. Wann immer es möglich ist, bringen wir unsere ganz jungen und ganz alten Schützlinge zusammen. Kinder schenken uns Liebe, Freude, Zuversicht und Hoffnung – alte Menschen finden Sinn und Erfüllung, in dem sie Zeit schenken und Andere an ihren Erfahrungen teilhaben lassen. Die Kinder lernen die Besonderheiten des Alters im Umgang mit unseren BewohnerInnen spielerisch kennen und haben Freude und Spaß an vielen gemeinsamen Aktivitäten.

Eine davon ist das gemeinsame Geburtstagfeiern. Jeweils ein/e BewohnerIn kommt in den Kindergarten, wenn eines der Kinder Geburtstag hat, bringt ein kleines, selbstgebasteltes Geschenk mit und feiert mit den Kindern. Wenn ein/e BewohnerIn Geburtstag hat, kommt die ganze Kindergartengruppe um zu gratulieren. Die Kinder überreichen eine gezeichnete Geburtstagskarte und eines der Kinder bringt ein selbstgemaltes Bild als Geschenk mit. Und dann wird gesungen

Wenn ein/e BewohnerIn Geburtstag hat, kommt die ganze Kindergartengruppe um zu gratulieren. Die Kinder überreichen eine gezeichnete Geburtstagskarte und eines der Kinder bringt ein selbstgemaltes Bild als Geschenk mit. Und dann wird gesungen und gelacht ...

und gelacht … Die Kinder bringen ein Ständchen und alle singen mit. Rund um den schön gedeckten Geburtstagstisch sind alle versammelt, das Geburtstagskind mit den Angehörigen, VertreterInnen des Pflegeteams und die Kinder. Nicht selten sehen wir da Tränen der Freude in der Augen unserer BewohnerInnen.

Kinder haben kaum Berührungsängste – nicht einmal dann, wenn sie mit schwer beeinträchtigten Menschen konfrontiert sind. In unserem Haus gibt es eine Wachkoma-Station. Die Menschen, die dort leben, können mit ihrer Umwelt – wenn überhaupt – nur in sehr, sehr eingeschränkter Form kommunizieren. Den Kleinen wird natürlich erklärt, dass diese Menschen nicht zurücklächeln können und dass sie bei ganz vielen Dingen Unterstützung brauchen. Das verstehen Kinder, und sie stellen Fragen … Was ist das für ein Gerät, dass da angeschlossen ist? Warum hat der Mann ein Loch im Hals? Warum hält die Frau den Kopf so schief? Und dann gehen sie hin und streicheln ihren Arm. Da stehen oft nicht nur unseren BewohnerInnen sondern auch uns allen die Tränen in den Augen …

Titel des Projektes
Wie schön, dass du geboren bist …
ProjektpartnerInnen
*SeneCura Sozialzentrum Purkersdorf
NÖ Landeskindergarten Purkersdorf IV
– SeneCura*
Inhalt
Integrierter Kindergarten nach dem Konzept „Integrative Pädagogik – Jung und Alt unter einem Dach". Gemeinsame Geburtstagsfeiern.

VOM LEBEN EINST UND JETZT

Die SchülerInnen der Privathauptschule Mary Ward in St. Pölten kamen für das Projekt „Einst und jetzt" ins Haus an der Traisen. Sie hatten viele Fragen vorbereitet, die sich auf den Schulalltag und generell auf das Leben von einst bezogen.

Die alten Menschen freuten sich über „früher" zu reden und mit den Jungen „aus der Schule zu plaudern", zuerst in kleinen formellen Gesprächsgruppen, die sich aus einem Bewohner / einer Bewohnerin, einer Mitarbeiterin des Hauses an der Traisen als „Schriftführerin" und meist zwei SchülerInnen zusammensetzten; dann bei der anschließenden gemeinsamen Jause mit Kuchen, Torten und Kaffee.

Oft rückten Fragen über die Jahre vor dem 2. Weltkrieg ins Blickfeld, sind doch die meisten der betagten GesprächspartnerInnen in den 20er oder 30er Jahren geboren. Seit damals hat sich sehr viel verändert!

Eine der ersten Fragen der SchülerInnen war, ob es Strafen in der Schule gegeben habe. Ja, auch körperliche Strafen hat es gegeben! Große Unterschiede zu heute gab es auch in anderen Bereichen wie Freizeit, Ernährung, Familienleben, Feste und Berufsausbildung. Die Kriegsjahre brachten den Familien Armut, Not und Verlust. Kaum vorstellbar für junge Menschen von heute, wie bescheiden das Leben damals war! Schon die Art der Fragen zeigte, wie sehr sich das moderne

Begegnung findet statt zwischen BewohnerInnen des „Haus an der Traisen" und SchülerInnen der Privathauptschule Mary Ward in St. Pölten. Die alten Menschen erzählen aus Ihrem Leben.

Titel des Projektes
Einst und jetzt
ProjektpartnerInnen
*NÖ Landespflegeheim St. Pölten – Haus an der Traisen
Mary Ward Privathauptschule St. Pölten*
Inhalt
Oral History, SchülerInnen interviewen HeimbewohnerInnen über ihr Leben

Leben von damals unterscheidet. Manches hörte sich für die SchülerInnen an wie eine Geschichte von einem anderen Stern …

In einem aber scheint sich kaum etwas geändert zu haben: auch damals haben sich junge Menschen verliebt, hatten Träume und wollten glücklich sein. Der Blick zurück, in die eigene längst entschwundene Jugend, hat den alten Menschen ein Leuchten in die Augen gezaubert.

Die Erinnerungen, die sie mit den jungen BesucherInnen geteilt haben, kamen keineswegs aus einer verklärten, nostalgischen Sicht – im Gegenteil. Das Schwierige dieser vergangenen Zeiten war ihnen sehr wohl präsent. Es scheint aber, als hätten sie selbst in schweren Zeiten ein stilles Glück erlebt, das bis heute ihr Schatz ist. Diesen inneren Reichtum und die Fähigkeit, glücklich zu sein, teilen sie mit den jungen Menschen.

Aus dem Leben erzählt

Herr Ludwig N., 92 Jahre
Er ist Seilermeister, sein Vater stammte aus Böhmen. Auch den Obstbau hat Herr N. von Grund auf gelernt. Er liebt den schönen Garten im Haus an der Traisen und betätigt sich als Gärtner, so gut er noch kann.

Von 6 bis 14 Jahren ist er in Obergrafendorf zur Schule gegangen und eigentlich nie gestraft worden. Er war ein Einzelkind und ein „fanatischer Lerner". Die Klassen waren nach Jahrgängen geteilt und hatten ca. 20 Kinder. Er lernte als Fremdsprachen Englisch und Französisch. Latein ist nur an den höheren Schulen gelehrt worden. Die Ferien waren so, wie heute. Es war die ganze Woche von Montag bis Samstag Schule, nur der Sonntag war frei.
„Hatten Sie auch Tests oder nur Schularbeiten?" (das Wort Tests war Herrn N. nicht geläufig, und die SchülerInnen erklärten es.) „Ja, es gab Schularbeiten und kleinere Prüfungen."

In der Freizeit habe er Fußball gespielt, im Verein. „Wir haben meistens gewonnen! Wir hatten sehr gute Einzelspieler. Ich war Stürmer! Die sportliche Kleidung war früher aber einfacher als heute."
Es gab auch ein Schwimmbad in Obergrafendorf und ein Schwimmbad in St. Pölten.

„Gab es Autos?"
„Autos hatten nur die Reichen. Das Fahrrad war sehr wichtig! Ich bin mit dem Fahrrad viel herumgefahren um die Seile zu verkaufen und auszuliefern, zu den Bauern, die die Seile brauchten. Da wurden auch Gegengeschäfte abgeschlossen."

„Wie war der Winter früher?"
„Zum Teil sehr streng. Wir haben mitten in einem Wald gelebt, es gab immer genug Holz zum Heizen. Strom hatten wir auch, auch Taschenlampen.

Auch den Obstbau hat Herr Ludwig N. von Grund auf gelernt. Er liebt den schönen Garten im Haus an der Traisen und betätigt sich als Gärtner, so gut er noch kann.

„Hatten Sie eine Freundin?"
„Die hat es immer gegeben." (verschmitztes Lächeln)

„Gingen Sie in die Kirche? Jeden Sonntag?"
„Ja. Wir waren katholisch. Wir gingen auch in die Kirche, weil die Bauern jeden Sonntag in die Kirche gingen, und wir als Seilerei mit ihnen Geschäfte machten."

„Wie war's im Krankenhaus?"
„Die Versorgung war gut. Das Krankenhaus St. Pölten hatte einen guten Namen."

„Haben Sie Kinder?"
„Ich habe einen Sohn und eine Tochter und zehn Enkel. Wir haben immer einen guten Familiensinn gehabt."

„Wie alt sind Sie?"
„92. Mit 88 Jahren bin ich ins Altersheim gekommen. Die Füße werden müde. Seit 4 Jahren bin ich an den Rollstuhl gebunden. Ich habe eine Menge Schlaftabletten genommen und wurde ins Krankenhaus gebracht. Vier Monate war ich im Krankenhaus. Nachher sieht man erst, wie dumm man ist!"

„Waren Sie in Ihrem Leben auch im Ausland?"
„Im Krieg war ich im Ausland. Und ein- bis zweimal war ich auf Urlaub. Mit guten Freunden bin ich jeden Samstag mit dem Autobus irgendwohin gefahren. Ich hatte viele Freunde. Am schönsten ist es, wenn man gute Kameraden hat. Es war zeitweise eine harte Zeit."

„Was war ihr glücklichster Moment im Leben?"
„Ich war immer glücklich. Man muss immer das Beste aus allem machen."

Ich war immer glücklich. Man muss immer das Beste aus allem machen.

Frau Rosa B., 95 Jahre ist in die Grillparzerschule in St. Pölten gegangen, 4 Klassen Volksschule und 4 Klassen Hauptschule mit A- und B-Zug. Sie war eine gute Schülerin, immer im A-Zug, hat gerne gelernt und am liebsten die Mathematiklehrerin gemocht. Zeichnen gehörte nicht zu ihren Lieblingsfächern. In der Hauptschule konnte man zwischen Englisch, Französisch und Latein wählen. Bei den Schularbeiten in der Hauptschule wurden die SchülerInnen auf andere Plätze gesetzt, damit sie nicht abschreiben konnten. Referate hat es noch keine gegeben. Es gab auch Strafen. Zur Strafe mussten dann die Kinder die Hände auf den Tisch legen, und der Lehrer oder die Lehrerin hat mit einem Stab auf die Finger geschlagen. Kinder mussten sich auch in die Ecke oder vor die Tür stellen. „Das waren schlimme Strafen, und die Kinder haben sich geschämt."

„In dieser Zeit kam es vor, dass Kinder nicht gewaschen in die Schule kamen und da wurden die Kinder nach Hause geschickt um sich zu waschen. Läuse gab es auch sehr oft." Frau Rosa B. war immer sauber und hatte nie Kopfläuse. „Die Eltern haben sehr auf Hygiene geachtet, was in dieser Zeit sehr schwer war, denn es gab kein Bad. Das Wasser wurde auf dem Herd gewärmt und in der Waschschüssel hat man sich gewaschen."

Die Sommerferien waren wie heute 2 Monate, aber es gab keine Ferien im Februar und auch keine freien Fenstertage. In der Freizeit hat Frau Rosa B. gelesen. Die Bücher hat sie in der Schulbibliothek ausgeliehen. Beliebte Spiele waren Tempelhüpfen, Fangen spielen, Kartenspiele, Brettspiele und Eislaufen, und wenn der Vater manchmal Zeit hatte, Schach. Frau Rosa B. hatte auch eine Puppe. Musik hören war nicht üblich.

Ihr Vater hat ca. zwei Jahre lang Geigenunterricht gegeben. Manchmal wurde klassische Musik gehört. Frau Rosa B. liebt Klassik noch immer und hört gerne den Tenor Joseph Schmidt. Es gab noch kein Fernsehen.
„In der Hauptschule wurde manchmal ein Film vorgeführt, da riss oft die Filmrolle, und nach dem Kleben fehlte dann ein Stückchen von dem Film. Es waren keine Kinofilme, sondern Schulfilme."

Nach der Schule hat Frau Rosa B. als Haushaltshilfe gearbeitet und war sogar ein Jahr in der Schweiz und ein Jahr in England. Sie hat in London das Mädchen Elisabeth, die heutige Königin von England gesehen.

Frau Rosa B. hat 1938 geheiratet, einen Sohn 1940 und einen Sohn 1942 geboren. Ihr Mann ist 1944 in der Gefangenschaft im Lazarett gestorben. Ein Heimkehrer hat 1945 seinen Tod bestätigt.
1945 bekam Frau Rosa B. die Chance in die Handelsschule zu gehen. Der Unterricht fand im Gasthaus im Extrazimmer statt. Die SchülerInnen brachten im Winter das Heizmaterial selbst mit. Es musste ein kleiner Schulbeitrag bezahlt werden. Sie ist dankbar, dass sie lernen durfte. Danach arbeitete sie als Bürokraft und war auch Mädchen für alles, wie es damals im Büro so üblich war.

„Es ist schön, dass ich in der Erinnerung noch einmal in meine Jugendzeit zurückblicken konnte."

In der Schule gab es früher auch Strafen. Die Kinder mussten die Hände auf den Tisch legen, und der Lehrer oder die Lehrerin hat mit einem Stab auf die Finger geschlagen. Kinder mussten sich auch in die Ecke oder vor die Tür stellen.

Frau Gertrude S., 81 Jahre
war ein sehr lebendiges Mädchen. Zur Schule ging sie zuerst in Bruck an der Leitha (Höflein), später in Würflach, beide Male hatte sie keinen langen Schulweg. Der Unterricht dauerte bis zu Mittag. Ihre Lieblingsfächer waren Singen und Turnen, sie lernte auch Geige-, Zither- und Klavier spielen. Man verwendete Lateinschrift, geschrieben wurde mit Feder und Tinte. Schlimmen Kindern wurde mit Stöcken auf die Finger geschlagen.

Ihr Vater starb im Winter 1940. Es war ein sehr strenger Winter und es wurde mit dem Schlitten zu dem Begräbnis gefahren. Gertrude saß zwischen ihrem Onkel und ihrem Bruder. Der Schlitten fuhr sehr schnell und der Kopf des Mädchens schlug ständig gegen die Lehne des Schlittens. Zuhause angekommen hatte Gertrude starke Kopfschmerzen und sie musste erbrechen. In dieser Zeit verstarb auch ihre Schwester. Ihr einziger Bruder war Kampfflieger, bei einem Einsatz stürzte er in Bulgarien ab. Gertrudes Mutter war geschockt als sie die Todesnachricht bekam.

Frau Gertrude S. hat ihren Spielfreund Rudi noch sehr gut in Erinnerung. Er hatte eine sehr lustige Nachbarin, die aus Böhmen stammte. Lustig für uns Kinder war ihre ungewöhnliche Sprache, sie sprach gar nicht so wie wir.

Als Kind pflegte sie Pixi-Bücher zu lesen. Sie liebte Germgugelhupf mit Kakao. Später machte sie Ausflüge in die Johannisbachklamm, pflückte Pilze und Beeren. Sehr gerne ging sie ins Kino Hans-Moser-Filme anzusehen. In den Sommerferien fuhr die ganze Familie auf Sommerfrische zur Tante in Türnitz.

Nach der Pflichtschule kam Gertrude in die LBA-Krems, dort lernte sie auch kochen. "Wir mussten eine Kochprüfung ablegen. Eine Freundin kochte ein Fischmenü. Ihre Benotung hing von unserem Urteil ab. Während des Essens hatten wir bemerkt, dass der Fisch noch roh war. Der Fisch verschwand lautlos in unseren Taschen. So war die Prüfung bestanden."

Ein lustiges Ereignis gab es auch bei einem Konzert. Vor einem Konzert hatten die MusikschülerInnen beschlossen, den Dirigenten aus seinem Konzept zu bringen. Man beschloss ab einem bestimmten Takt immer schneller zu spielen. Der Dirigent nahm diesen Streich mit Humor.

Ihr Lieblingslehrer unterrichtete Geschichte und unterstützte sie auch tatkräftig 1951 bei der Matura. Es war eine sehr schöne und interessante Schulzeit. Ihre Liebe zu Kindern erleichterte ihr die Entscheidung Lehrerin zu werden.

Frau Gertrude S. erinnert sich noch gut an die schönen sehr feierlichen Weihnachtsfeste. Es wurde musiziert und gesungen, zu Essen gab es Karpfen. Auch gab es einen großen Christbaum und sie bekam fast jedes Jahr eine Puppe.

Was wurde aus Spielfreund Rudi?
„Er studierte in Amerika. Rudis Mutter sah schon ein Paar in Getrude und Rudi. Bei Wiederkehr heiratete Rudi eine reiche Bierbrauerstochter. Auf einer Schiffsreise stürzte er sich ins Meer."

Frau Getrude S. heiratete nie und hat selbst auch keine Kinder. Sie unterrichtete bis zu ihrer Pensionierung im Bezirk St.Pölten, zuletzt in Herzogenburg.

Der Vater von Frau Gertrude S. starb im Winter 1940. Es war ein sehr strenger Winter und es wurde mit dem Schlitten zu dem Begräbnis gefahren.

MITEINANDER – RELIGIÖSES BRAUCHTUM PFLEGEN

Seit 5 Jahren gibt es im Haus St. Elisabeth ein eigenes Marterl im Garten. Für viele BewohnerInnen ist dies eine Motivation, einen Spaziergang dorthin zu machen und ein wenig zu verweilen. Einmal im Jahr, im Mai, findet gemeinsam mit der Pfarrkirche des Stadtteiles St. Pölten-Wagram eine Maiandacht beim Marterl statt. Die gesamte Pfarrgemeinde ist eingeladen. Die Pfarre bereitet die Andacht inhaltlich vor. Im Haus St. Elisabeth kümmert man sich um die musikalische Gestaltung der Maiandacht. Dazu werden stets unterschiedliche Chöre oder Schulklassen eingeladen, die auch die Liedauswahl treffen. Zuletzt ein Klassenchor und eine Gitarrengruppe der Kindergartenpädagogik St. Pölten, die in Begleitung von zwei Lehrkräften und dem Schuldirektor gekommen sind. Die Schülerinnen umrahmten die Feier mit alten, aber auch moderneren Marienliedern.

Im Anschluss gab es im Haus eine kleine Agape und die Schülerinnen gaben eine gesangliche Zugabe. Sie hatten einige schwungvolle Volkslieder vorbereitet. Viele BewohnerInnen haben mit Begeisterung mitgesungen. So klang der Tag mit einem geselligen gemeinsamen Singen und Plaudern aus. Und letztendlich gab es viele, vor Freude glänzende und lachende Augen, nicht nur in den Gesichtern der BewohnerInnen, sondern auch in jenen der Schülerinnen und Lehrkräfte.

Religiöses Brauchtum hat im Haus St. Elisabeth der Caritas einen hohen Stellenwert

Was Jung und Alt sagen

„Es berührt mich immer wieder, wenn junge Menschen am religiösen Leben teilhaben."
„Die haben wirklich mit Freude und Begeisterung gesungen und musiziert, das konnte man spüren."
„Gemeinschaft erleben über den Gartenzaun hinaus finde ich gut."
„Die alten Leute können die Lieder ja alle auswendig singen!"
„Zur Maiandacht ging ich als Kind schon mit meiner Mutter. Ich hatte auch immer gern ein Dirndl an."
„Wäre ich daheim, ich wär' viel mehr alleine und hätte längst nicht so viele soziale Kontakte."
„Offene Türen haben für die Außenwelt kann Vorurteile abbauen."
„Das hat uns richtig Spaß gemacht!"
„Die Schülerinnen haben sich erst am Vortag ausgemacht, dass alle ein Dirndl anziehen. Sie haben sich gegenseitig die Dirndln ausge- und verborgt und wollten so neben dem religiösen Brauchtum auch ein volkstümliches Brauchtum aufleben lassen."
„Da dies keine Schulveranstaltung war, haben die Schülerinnen selbst entscheiden können, ob sie diese Feier mitgestalten. Die gesamte Klasse, ohne Ausnahme, hat sich bereit erklärt, für die BewohnerInnen im Heim zu singen."

Titel des Projektes
Miteinander – religiöses Brauchtum pflegen
Füreinander – da sein
Voneinander – profitieren
ProjektpartnerInnen
Haus St. Elisabeth der Caritas der Diozese St. Pölten
Bundesbildungsanstalt für Sozialpädagogik und Kindergartenpädagogik St. Pöltem
Inhalt
Maiandacht mit der gesamten Pfarrgemeinde mit Chören und Schulklassen beim Marterl im Haus St. Elisabeth

BRÜCKEN BAUEN – GENERATIONEN VERBINDEN

Eines der Lieblingsspielsachen war früher der Ball, oder bei Kindern der ärmeren Generation das „Fetzenlaberl" wie der selbsthergestellte Stoffball genannt wurde.

Spiele von früher, die an die eigene Kindheit erinnern, war in einer unserer Gesprächsrunden im Landespflegeheim Neunkirchen einmal das Thema. Dabei konnten wir feststellen, dass alle unsere HeimbewohnerInnen früher gerne in der Natur und mit einfachem Spielzeug ausgerüstet unterwegs waren.

Eines der Lieblingsspielsachen war der Ball, oder bei Kindern der ärmeren Familien, das „Fetzenlaberl" wie der selbsthergestellte Stoffball genannt wurde.

Beim Erzählen von den verschiedenen Ballspielen und von der Unbeschwertheit, welche man als Kind erleben konnte, strahlten die Augen unserer HeimbewohnerInnen.

Wir bauten daraufhin die Ballspiele immer wieder auch in unsere Bewegungsrunden mit ein und es machte unseren HeimbewohnerInnen viel Freude, wenn das "runde Leder" zum Einsatz kam.

Auch nette und lustige Geschichten zum Thema Ballspiel wurden immer wieder erzählt.
Eine Heimbewohnerin erinnerte sich, dass sie zu ihrem Geburtstag den ersehnten Ball bekommen hat, und ihn wie einen Schatz hütete. Mit diesem spielten sie gleich vor dem Haus auf der Straße, da in dieser Zeit noch wenige Autos unterwegs waren. Natürlich stieg auch der persönliche Beliebtheitsgrad mit so einem schönen Ball enorm. Sie war das gefragteste Mädchen in der Straße. Eines Tages waren wieder alle Kinder zum Ball-

spielen versammelt, es ging lustig zu und ein Spielkamerad hatte den Ball gerade mit vollem Elan in Richtung unserer Ballbesitzerin geschossen, da passierte es. Sie hat den Ball übersehen, konnte ihn nicht mehr fangen und er landet im Küchenfenster einer strengen Nachbarin.
Da war die Freude über den Ball natürlich etwas verflogen und die Kinder bekamen eine Strafpredigt von der Hausbesitzerin der kaputten Scheibe zu hören. Sie warteten mit dem Ballspiel dann einige Zeit, bis ein wenig Gras über die Sache gewachsen war.

Beim Erzählen dieser Geschichte leuchteten die Augen unserer Heimbewohnerin verschmitzt und voller Freude. Wir haben ihre Geschichte zum Anlass genommen, ein Sitzfussballspiel in der nächsten Bewegungsgruppe zu starten und bauten auch den Ball so oft es ging in Spielrunden ein!
Daraus entstand die Idee, eine Spieleolympiade mit unseren HeimbewohnerInnen und SchülerInnen aus unserer Gemeinde zu organisieren.
Die SchülerInnen, unter denen natürlich auch einige sehr „coole" junge Menschen waren, zeigten sich zu Beginn eher zurückhaltend und man sah die Frage ihn ihren Gesichtern „Was soll ich mit den Omas und Opas eigentlich anfangen?" Sie konnten sich unter „spielen mit SeniorInnen" zu Beginn nichts vorstellen. Doch nach einiger Zeit ließ das gemeinsame Plaudern und Tun immer mehr Verbundenheit aufkommen, bis schließlich je ein junger und alter Mensch ein tolles Spiel-Team bildeten. Die Gesichter strahlten, Sie hatten wirklich Freude und Spaß am gemeinsamen Spielen. Der Höhepunkt war dann natürlich die Siegerehrung, wo jedes Team einen Preis entgegennehmen durfte. Der Schüler des Siegerteams freute sich anerkennend: „Meine Dame hat mit mir super gekämpft und wir haben den Sieg gemeinsam errungen".
Das Verständnis füreinander und vor allem das Interesse aneinander wurden mit diesem Projekt geweckt. Es ist dies die Basis für ein fuktionierendes Miteinander der Generationen.
Die Worte „Man sieht nur mit dem Herzen gut. Das Wesentliche ist für das Auge unsichtbar" von Antoine de Saint-Exupèry aus seinem Werk „Der Kleine Prinz" waren an diesem Tag für uns alle spürbar.

Titel des Projektes
Brücken bauen - Generationen verbinden
ProjektpartnerInnen
*NÖ Landespflegeheim Neunkirchen
Berufsschule Neunkirchen
Allgemeine Sonderschule Neunkirchen*
Inhalt
Spieleolympiade: Spiele von damals, die auch heute noch Freude machen

ZEIT – ALS KOSTBARKEIT

Wenn zu bestimmten Anlässen wie Muttertag und Weihnachten Kinder des Kindergartens Göttweigerhof Krems/Stein zu uns ins Haus kommen, freuen sich die BewohnerInnen des Betreuten Wohnens des SeneCura Sozialzentrum Krems – Haus Ringstraße sehr. Etwa einmal pro Monat verbringen außerdem 5-8 SeniorInnen einen netten Vormittag bei ihnen in der Kindergartengruppe. Die Kinder freuen sich auf uns und wir freuen uns auf sie. Wir schenken einander Zeit. Wir kommen um zu singen, lachen, vorzulesen, zum reden, erzählen, zuhören, spielen und basteln. Wir geben Wissen an die Kinder weiter und diese wiederum an uns. Wir gehen geduldig und staunend aufeinander zu, lernen voneinander und verbringen eine schöne Zeit zusammen.

Bei einem unserer wie immer mit Freude und Spannung erwarteten Besuche in der Kindergartengruppe kristallisierte sich eines Tages ein für beide Seiten interessantes Gespräch heraus. Die Kinder wollten gerne wissen, wie das so war, als unsere SeniorInnen jung waren, was sie da gemacht, gespielt, … usw haben.

Die Kinder erzählten zuerst von heute, welche Pflichten und Aufgaben sie zu Hause und im Kindergarten zu erfüllen haben und die SeniorInnen sprachen mit den neugierigen Kindern darüber, wie das Leben in ihrer Kindheit ausgesehen hat.

Die älteren Menschen erzählten, dass in den Familien früher ein ganz anderes Leben herrschte

*Es ist nicht wenig Zeit,
die wir haben,
sondern es ist viel Zeit,
die wir nicht nutzen.
(Seneca)*

Titel des Projektes
Zeit – als Kostbarkeit
ProjektpartnerInnen
*SeneCura Sozialzentrum Krems - Betreutes Wohnen - Haus Ringstraße
NÖ Landeskindergarten Göttweigerhof Krems/Stein*
Inhalt
Wie war es früher ein Kind zu sein und wie ist es heute? Spiele und Lieder, die beide Generationen kennen wurden gespielt und gesungen.

als die Kinder es heutzutage kennen. Viele Frauen hatten keine Ausbildung. Der Ehemann ging zur Arbeit, die Ehefrau kümmerte sich um den Haushalt und um die Kinder. Es gab noch keine tollen elektrischen Küchenhilfen wie Waschmaschine, Geschirrspüler, Elektroherd, … und wenn, dann waren sie für die meisten Familien zu teuer. Die Kinder mussten früh bei den verschiedenen Tätigkeiten mithelfen, wurden in die Arbeit eingebunden. Größere Geschwister kümmerten sich um die Kleinen. Gespielt wurde oft im Freien, auch auf der Straße. Dies war leicht möglich, weil es noch nicht so viele Autos gegeben hat. Auch Grünflächen gab es mehr, weil sie nicht verbaut waren wie heute. Spielzeug war nur in Maßen vorhanden, man besaß zum Beispiel eine Puppe, einen Teddybären oder Holzklötze, die oft vom Vater oder Großvater selbst gemacht worden waren. Gespielt wurde daher mit mehr Kreativität – man wurde erfinderisch, stellte beispielsweise selbst Seifenblasen her. Wenn man sich Brettspiele nicht leisten konnte, zeichnete man „Mühle" oder „Mensch ärgere dich nicht" auf einen alten Karton oder in den Sand und spielte mit Steinen.

Viele der Kinder heute konnten es sich gar nicht vorstellen, nur eine Puppe zu haben oder auf der Straße zu spielen. Sie hingen förmlich an den Lippen unserer Seniorinnen, stellten viele Fragen und man konnte sie „denken hören".

Anschließend suchten wir die Gemeinsamkeiten von einst und heuete, zum Beispiel Spiele und Lieder, die beide Generationen kannten und die wir dann gemeinsam spielten und sangen. Wir sangen Lieder, die schon früher in der Schule gesungen wurden und die die Kinder auch heute noch im Kindergarten, in der Schule oder von den Eltern überliefert bekommen wie „Hänschen klein", „Alle Vöglein sind schon da", „Fuchs du hast die Gans gestohlen", „Ein Männlein steht im Walde", „Kommt ein Vogel geflogen".
Wie immer, wenn wir beisammen sind, verflog auch diesmal die Zeit im Nu.

WIR BRINGEN KRÄUTER IN DEN GARTEN

Die Kräuterspirale entstammt der Permakultur. Permakultur ist ein Konzept, das auf die Schaffung von dauerhaft funktionierenden (nachhaltigen), naturnahen Kreisläufen zielt. Grundlage ist die genaue Beobachtung der Natur, um Prinzipien zu erkennen und unterstützend mit ihnen und nicht gegen sie zu arbeiten. Ursprünglich für die Landwirtschaft entwickelt, ist die Permakultur inzwischen ein Denkprinzip, das auch Bereiche wie Energieversorgung, Landschaftsplanung und die Gestaltung sozialer (Infra-)Strukturen umfasst. Grundprinzip ist ein ökologisch, ökonomisch und sozial nachhaltiges Wirtschaften mit allen Ressourcen.

Im Garten der Pflegestation 2 des Landespflegeheims Perchtoldsdorf Beatrixheim wurde eine Kräuterspirale angelegt. Das besondere Gartenbeet gestalteten SchülerInnen der Klasse 3A der Volksschule Sebastian Kneipp Gasse Perchtoldsdorf in Begleitung ihrer Klassenlehrerin, Frau Elfriede Labenbacher, und mit Hilfe des Gärtners, Herrn Punkenhofer, von der Marktgemeinde Perchtoldsdorf.

Ziel war es, den BewohnerInnen des Pflegeheims die Natur einmal auf eine andere Weise nachhaltig näher zu bringen. Mit allen Sinnen – dem Riechen, Schmecken und Sehen – sollen Sie sich ab nun an der Kräuterspirale nahe ihres Aufenthaltsbereiches erfreuen können.

Der Wirtschaftshof unterstützte das Projekt mit Erde und vielerlei Kräutern wie Schnittlauch, Dille, Rosmarin, Thymian, Petersilie und Basilikum.
Die frischen Kräuter werden auch in unserer Kochgruppe (EA MitarbeiterInnen kochen gemeinsam mit BewohnerInnen) gerne verwendet.

Wir bauen eine Kräuterspirale

Eine Kräuterspirale ist der ideale Platz um Kräuter anzubauen. Sie ist ein dreidimensionales Gartenbeet in Spiralform und ermöglicht auf kleinstem Raum Standortansprüchen von Pflanzen aus verschiedenen Klimazonen gerecht zu werden. Befestigt wird sie von Seitenwänden aus Steinen, Ziegeln oder anderen Materialien, welche zur Mitte hin ansteigend übereinander gesetzt werden, vergleichbar mit einem Schneckenhaus. Die Steine speichern die Sonnenwärme und geben sie an die Pflanzen wieder ab. Den Fuß der Kräuterspirale bildet oftmals ein Miniteich, der zusätzlich Wärme speichert und reflektiert. Eine Kräuterspirale gliedert sich in unterschiedliche Zonen. In jeder dieser Zonen fühlen sich andere Pflanzen besonders wohl. In der Mittelmeerzone wachsen die kalkliebenden Mittelmeerkräuter, wie Bergbohnenkraut, Thymian und Salbei. Die Normalzone ist ideal für Zitronenmelisse und Pimpinelle. In der Feuchzone fühlen sich Petersilie, Kerbel und Schnittlauch besonders wohl. Und in der Wasserzone finden besonders Brunnenkresse und Wasserminze gedeihliche Bedingungen vor.

Titel des Projektes
Wir bringen Kräuter in den Garten
ProjektpartnerInnen
NÖ Landespflegeheim Perchtoldsdorf – Beatrixheim
Volksschule Sebastian-Kneipp-Gasse, Perchtoldsdorf
Marktgemeinde Perchtoldsdorf, Gärtner des Wirtschaftshofes
Inhalt
Anlegen einer Kräuterspirale im Garten der Pflegestation 2

Im Landespflegeheim Perchtoldsdorf wurde ein Platz für die Kräuterspirale ausgewählt, den alle BewohnerInnen erreichen können, auch Menschen im Rollstuhl können direkt zufahren. Damit soll der Lebensraum der HeimbewohnerInnen in der warmen Jahreszeit verstärkt „hinaus vor die Tür" verlagert und „hinein in die Natur" erweitert werden.

Im Garten sollen sich die Menschen wohlfühlen, ungezwungene Begegnungen miteinander erleben, Bienen, Schmetterlinge und vielerlei Insekten beobachten, den Duft der Kräuter tief einatmen, sie selbst pflücken und dem Geschmack der Kräuter auf Zunge und Gaumen nachspüren. So kann der Garten „natürliche" Erfahrungen und alle Sinne anregen und Erinnerungen an frühere Gartenerlebnisse wecken.

Die Kräuterspirale ermöglicht eine Begegnung mit den Pflanzen auf Sitzhöhe. So können die HeimbewohnerInnen im „Garten der Sinne" alle Kräuter sehen, riechen und schmecken. Sie können selbständig die Pflanzen berühren, beschnuppern und im Kräuterbeet arbeiten. Es ist ein besonderes Erleben, wenn sie sehen, wie die Kräuter wachsen, wenn man sie pflegt und regelmäßig gießt.

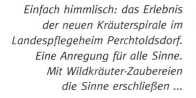

Einfach himmlisch: das Erlebnis der neuen Kräuterspirale im Landespflegeheim Perchtoldsdorf. Eine Anregung für alle Sinne. Mit Wildkräuter-Zaubereien die Sinne erschließen ...

Begegnungen im „Garten der Sinne"

Eine Heimbewohnerin erzählt „Ich ess' jetzt mein Butterbrot und hol' mir dazu wieder frischen Schnittlauch aus dem Garten" und schon ist sie lachend mit ihrem Rollwagen unterwegs in Richtung Kräuterspirale. Dort plaudert sie weiter: „In unserem Garten zu sein ist für uns wie Urlaub zu Hause – ein Naherholungsgebiet vor der Haustür. Sofern das Wetter es zulässt, sind wir dort, um zu lesen, zu riechen, die Pflanzen anzufassen und zu fühlen, um andere BewohnerInnen aus dem Haus zu treffen oder einfach nur um die schöne Umgebung zu genießen. Und wenn ich Schnittlauch hole, bin ich natürlich auch immer draußen", lacht sie während sie ihr Butterbrotkraut pflückt und in ihr Zimmer bringt.

Auch die Kochgruppe im Landespflegeheim Perchtoldsdorf schwelgt in den herrlichen Aromen der frischen Kräuter sehr. Wenn die ehrenamtlichen MitarbeiterInnen mit den BewohnerInnen kochen, werden stets ausgiebig Kräuter gepflückt und verwendet.

Mit sichtbarer Freude und Begeisterung arbeiteten die Kinder am Bau der Kräuterspirale.

Am höchsten Punkt befindet sich die Mittelmeerzone der Kräuterspirale. Hier braucht es einen mageren und trockenen Boden. Es wird Kalk mit untergemischt, denn hier wachsen die kalkliebenden Mittelmeerkräuter, wie Bergbohnenkraut, Thymian und Salbei. Sie stellen übrigens auch für Bienen und Hummeln eine Bereicherung im Garten dar, da auch diese ihr Aroma mögen. Dies nennt man eine Bienenweide!

Unsere Kräuter

Heilkräuter-Öl selbst herstellen

Kalte Extraktion
Nehmen Sie ein sterilisiertes Glas und befüllen es mit weichen Kräutern oder Blüten (Basilikum, Thymian, Oregano ...). Wählen Sie ein gutes Speiseöl wie zum Beispiel kaltgepresstes Olivenöl aus, erhalten Sie auch ein gutes Heilkräuter-Öl. Gießen Sie mindestens so viel Öl hinzu, dass alle Pflanzenteile bedeckt sind. Verschließen Sie das Glas luftdicht und stellen Sie es für ca. 1 Monat an einen sonnigen und warmen Ort. Sie sollten das Glas täglich schütteln. Danach filtern Sie das Öl und geben alles in eine dunkle und luftdicht verschließbare Flasche.

Basilikum
Anwendung: Aufguss, Presssaft
Wirkung: Hals- und Kopfschmerzen, Pilz- und Harnwegsinfektion, Atemwegserkrankungen

Schnittlauch
Anwendung: Grüne Soße, Tee, Duftkissen, Kräuteröle, Salben
Wirkung: Blähungen, Darmentzündung, Husten, antibakteriell, Appetitlosigkeit

Majoran
Anwendung: Tee, Salbe, Öl
Wirkung: Schlaflosigkeit, Kopfschmerzen, Grippe, Lungen- und Bronchialkatarrh, Blähungen, Koliken, Verstauchungen

Dille
Anwendung: Tee
Wirkung: Verdauungsorgane, Blähung, appetitanregend

Pfefferminze
Anwendung: Sirup, Pfefferminzöl, Sud, Tee
Wirkung: Appetitlosigkeit, Verdauungsbeschwerden, Kopfschmerzen, Migräne, Beruhigungsmittel, Übelkeit

Oregano
Anwendung: Tee, Badezusatz, Gurgellösung
Wirkung: Durchfall, Husten, Magenschmerzen, chronische Bronchitis, Erkältung

Rosmarin
Anwendung: Tee, Badezusatz
Wirkung: Kreislaufschwäche, Müdigkeit, Nervosität, verdauungsfördernd, schmerzstillend

Petersilie
Anwendung: Tee, Presssaft, Auflag (gegen Fältchenbildung und müde Augen),
Wirkung: Arteriosklerose, Diabetes, Blasenschwäche, Eisenmangel, Harnwegsentzündungen

Thymian
Anwendung: Tee, Badezusatz, zum Gurgeln
Wirkung: Asthma, Bronchitis, Entzündungen im Mund- und Rachenraum, Blasen- und Nierenbeschwerden, grippale Infekte, rheumatische Beschwerden

Salbei
Anwendung: Tee, Milchabkochung, Tee zum Gurgeln
Wirkung: Zahnfleischbluten, Verdauungsbeschwerden, Blähungen, Darm- und Halsentzündungen, Durchfall, grippale Infekte, Mund- und Rachenraum

Zubereitung von Heilpflanzen-Tee: Nehmen Sie pro Tee-Tasse etwa einen Teelöffel Kräuter (Pfefferminze, Zitronenmelisse, Salbei, ...) und übergießen Sie diese mit kochendem Wasser. Der Aufguss sollte ca. 10 Minuten bedeckt ziehen. Danach seihen Sie den Tee ab und trinken Sie ihn in kleinen Schlucken.

Maggikraut (Liebstöckel)
Anwendung: Tee
Wirkung: Verdauungsbeschwerden, harntreibend, appetitanregend, Sodbrennen

Zitronenmelisse
Anwendung: Tee, Sirup, Badezusatz
Wirkung: Schlafstörungen, Herpes, Fußpilz, Rheuma, Nervosität, Zahn- und Kopfschmerzen, Gallenbeschwerden

DIE HOFFMANNPARK HAUSOLYMPIADE

Ziel der Hausolympiade ist die Förderung der generationenübergreifenden Teamfähigkeit aber für die junge Generation auch das Erlernen des Umgangs mit pflegebedürftigen Menschen und diversen Hilfsmitteln, wie etwa dem Rollstuhl.

Bereits drei Mal hat die HoffmannPark-Seniorenanimation eine Hausolympiade ausgerichtet. Die teilnehmenden Teams haben dabei mehrere Spiel-Stationen und Geschicklichkeitsübungen zu absolvieren. Ein Team setzt sich aus jeweils einem jungen und einem alten Menschen zusammen. Dazu laden wir jedes Jahr andere Institutionen zum Mitmachen ein. Diesmal waren die SchülerInnen des Gymnasiums Purkersdorf zu Gast.

Im Rahmen der Bewerbe gilt es für beide MitspielerInnen Geschicklichkeit und Schnelligkeit zu beweisen, ob beim Dosenschießen, Slalomparcours mit Zielübungen, Kegeln, Rätselraten oder bei „Vier Gewinnt". Die TeilnehmerInnen mit der höchsten Punktezahl dürfen sich „Olympiasieger" nennen.

Ziel der Hausolympiade ist die Förderung der generationenübergreifenden Teamfähigkeit aber für die junge Generation auch das Erlernen des Umgangs mit pflegebedürftigen Menschen und diversen Hilfsmitteln, wie etwa dem Rollstuhl. Die bisherigen Bewerbe haben gezeigt, dass die BewohnerInnen mit der gleichen Begeisterung bei der Sache sind wie die jungen TeilnehmerInnen. Der gegenseitige Ansporn ist bemerkenswert und das Potential an Erfahrungen macht das Teamwork von „Alt und Jung" zu einem besonderen Erlebnis.

Doch wie erlebt die junge Generation die HoffmannPark Hausolympiade?
Die Schülerin Marie, 12 Jahre, schildert ihre Erlebnisse. Sie besucht noch heute ihre Teamkollegin Trude regelmäßig.

Freundinnen durch einen Olympiasieg

Jetzt noch drei Tage und dann haben wir Ferien! Die letzten Tage in der Schule sind eigentlich fad, aber manchmal gibt es doch auch ein wenig Abwechslung. Heute geht es zum Beispiel in die Seniorenresidenz. Wir sollen an einer Hausolympiade teilnehmen. Was das wohl wieder wird?

Die Fahrt hierher mit dem Rad war echt toll. Bei dem heißen Wetter ist das sowieso das beste Fortbewegungsmittel. Der Park dieser Seniorenresidenz gefällt mir. Und wie groß der ist! Da hinten

Titel des Projektes
HoffmannPark Hausolympiade
ProjektpartnerInnen
Seniorenresidenz HoffmannPark Purkersdorf
Bundesgymnasium und Bundesrealgymnasium Purkersdorf
Inhalt
Jung und Alt bewältigen bei der HoffmannPark Hausolympiade in intergenerationellen Teams gemeinsam mehrere Spielstationen.

"Super, Trude! Einen noch, dann sind wir durch!", rufe ich laut, denn der Wettkampf ist echt lustig, die Trude macht sich hervorragend und ich bin auch gut unterwegs. Wir sind im Ziel! Alle Kegel liegen flach und ich habe keine einzige Slalomstange umgeworfen! „Bravo! Wir haben gewonnen!"

ist einiges aufgebaut, was nach Spielen aussieht. Das schaue ich mir mit meiner Freundin Lisa einmal genauer an.

„In 10 Minuten starten die olympischen Bewerbe! Sucht euch eine Partnerin oder einen Partner aus, denn bei unseren Wettkämpfen treten Alt und Jung als Team an!", erklärt uns eine nette Frau im roten T-Shirt. Na gut, dann schau ich mich einmal um. Etwa zwanzig ältere TeilnehmerInnen warten auf uns. Die meisten sitzen im Rollstuhl. Wie das wohl wird?
Mir fällt sofort eine Dame auf, die ein wenig versucht sich zu verstecken. „Die schaut doch ein bisschen wie meine Stadt-Oma aus. Die wähle ich als Partnerin", denke ich mir. „Grüß Gott, ich bin die Marie. Würden Sie mit mir ein Team bilden?", frage ich sie. „Probieren wir es halt, aber wir werden bestimmt nichts reißen. Ich bin übrigens die Trude", kommt zur Antwort.

Worauf habe ich mich da nur eingelassen! Noch nie habe ich einen Rollstuhl geschoben und jetzt soll ich das gleich mit einem sportlichen Bewerb verbinden. Wir müssen einen Hindernisparcours bewältigen. Während ich den Rollstuhl durch den Slalomkurs steuere, muss die Trude möglichst viele Kegel mit einer Fliegenklatsche umwerfen. Das klingt vielleicht einfach, aber ich muss lenken und die Trude hat es gar nicht so leicht, denn sie sitzt ja im Rollstuhl und muss sich ganz schön anstrengen, damit sie die Kegel auch erwischt. „Super, Trude! Einen noch, dann sind wir durch!", rufe ich laut, denn der Wettkampf ist echt lustig, die Trude macht sich hervorragend und ich bin auch gut unterwegs. Wir sind im Ziel! Alle Kegel liegen flach und ich habe keine einzige Slalomstange umgeworfen! „Bravo! Wir haben gewonnen!" Am meisten freut es mich, dass die Trude plötzlich ganz begeistert ist. Sie reißt ihre Arme in die Höhe und jubelt und lacht, so wie ich.

Nach der Siegerehrung hält die Trude ganz fest meine Hände, schaut mir in die Augen und sagt mit einem Lächeln: „Ich hätte mir nie gedacht, dass dieses Spiel mir so einen Spaß machen könnte! Und gewonnen haben wir auch noch!". Mir geht es genau so und aus einem scheinbar faden Schultag ist ein tolles Erlebnis geworden, das uns zwei Olympiasiegerinnen zu Freundinnen gemacht hat.

Marie, 12 Jahre

MITEINANDER KREA(K)TIV

Vor einiger Zeit trat Frau Ingrid Bollwein, Malkursleiterin für „Dukannstmalen"-Kurse, mit dem Vorschlag an das Pflegezentrum Clementinum heran, Malkurse für die BewohnerInnen abzuhalten. Bald darauf startete auch schon der erste Kurs. Mit viel Freude gingen die malbegeisterten SeniorInnen ans Werk und es entstanden erstaunliche Bilder.

Frau Bollwein machte die Arbeit mit den älteren Menschen so große Freude, dass sie anbot, nun öfters ins Heim zu kommen um Kurse abzuhalten. Zeit und Material stellte sie für die betagten KünstlerInnen kostenlos zur Verfügung.
Immer öfter gesellten sich auch Kinder und Jugendliche zu den malfreudigen SeniorInnen.

Raphael begleitet Frau Bollwein regelmäßig zu ihren Kursen ins Pflegezentrum Clementinum und trocknet die Bilder zwischen den einzelnen Arbeitsschritten mit dem Föhn.

Nach und nach zog das Malen auch ein immer jüngeres Publikum an. Nun arbeiten Jung und Alt Seite an Seite an ihren Kunstwerken und bringen kreative Ideen auf die Leinwand.

Immer wieder klingen die Malnachmittage mit einer Runde „Mensch ärgere dich nicht" oder einem gemeinsamen Kartenspiel aus.

Man kann einen Menschen nichts lehren, man kann ihm nur helfen, es in sich selbst zu entdecken.

Galileo Galilei

Titel des Projektes
Miteinander krea(k)tiv
ProjektpartnerInnen
Haus der Barmherzigkeit Kirchstetten – Clementinum
Malfreudige Kinder und Jugendliche aus der Region
Inhalt
Malkurse für Jung und Alt

Schon seit fünf Jahren veranstalten der Kindergarten und das Landespflegeheim Laa an der Thaya regelmäßig an jedem zweiten Dienstag gemeinsam eine Märchenstunde. Diesmal war der absolute Star der Märchenstunde ein kleines Lämmchen. Die Freude und Begeisterung der Kinder war ansteckend und übertrug sich auch auf die alten Menschen.

DER WOLF UND DAS SCHAF

Für den darauffolgenden Dienstag hatte die Chef Pädagogin des Kindergartens Laa an der Thaya ein Märchen mit einer besonderen Attraktion geplant. Frau Beate, die Seniorenpflegerin im St. Vitusheim Laa hatte ein junges Lämmchen, welches sie den Kindern zeigen wollte. Veronika, die Kindergarten Chefin, suchte ein passendes Märchen aus: „Der Wolf und das Schaf." Sie überreichte es mir am Vortag zur Vorbereitung und gab mir einen Hinweis auf das lebende Tierchen.

Zu Hause änderte ich den Titel und teilweise auch den Text des Märchens und erzählte am nächsten Tag im Pflegeheim vor 22 Kindern und 55 Omas und Opas, so wie immer „frei".

Der Wolf und das schlaue Lämmchen handelte von einem Schäfchen, welches sich von seiner Herde getrennt hatte und allein auf einer Waldlichtung zurückgeblieben war. Als der hungrige Wolf es ansprach und ihm sagte, dass er es jetzt gleich fressen wolle, zeigte es keine Angst,

da es in der Ferne die Hunde des Schäfers bellen hörte. Es machte den Wolf auf das Gebell aufmerksam. Genau in jenem Moment, als der Wolf auf das Gebell horchte, raste der schwarze Riesenbär heran, übersah den Wolf und rannte ihn nieder. Durch den Anprall wurde der Wolf an einen Baumstamm geschleudert und blieb liegen.
Nun schlugen die Hunde des Schäfers den Bären in die Flucht. Der Schäfer hatte sie ihm nachgeschickt, weil der Bär seinen Speck und Käse gefressen hatte. Der Bär flüchtete weit in den Wald und das Schäfchen war gerettet.
Da kamen die Hunde und auch der Schäfer, der das Lämmchen in seine Arme nahm und froh war, es gefunden zu haben.

Ich besprach mit den Kindern noch, was das Schäfchen falsch gemacht hatte, als es seine Herde und seine Mutter verlassen hatte. Dann diskutierte ich mit den Kindern, wie wichtig es ist, wenn sie mit ihrer Mama oder ihrer ganzen Familie unterwegs sind, dass sie nicht einfach irgendwo stehen bleiben oder gar davonlaufen. Die Kinder wurden animiert nachzudenken, wie und wo das vorkommen könnte. Es war eine angeregte Diskussion, vom Supermarkt bis zum Zirkuszelt wurden vielerlei Orte genannt, wo ein Kind leicht verloren gehen könnte.

Da erschien Frau Beate mit ihrem Lämmchen auf dem Arm. Das Tierchen, ungefähr sechs Wochen alt, hat uns allen, dem Märchen-Opa Kurt, der Kindergartenleiterin und den Omas und Opas sofort die Show gestohlen. Das ist ganz normal, wie wir wissen, denn Tiere (und für uns Erwachsene auch Kinder) auf einer Bühne stellen jeden Schauspielstar in den Schatten. Beate setzte das wollige Tierchen vorsichtig auf den Boden. In seinem Schreck, ob der vielen Menschen und der jubelnden Kinder, machte es sofort ein Lackerl. Nun hatten die Kinder gesehen, dass es sich um ein lebendes Tier handelte und sie waren nicht mehr zu halten. Sie hatten noch nie ein lebendes Lämmchen gesehen, hatten miterlebt wie es sein Geschäftchen verrichtete, das ist Natur pur. Sie waren hin- und hergerissen. Gemeinsam türmten wir die Decken, auf denen die
Kinder während der Märchenstunde saßen, zu einem Hügel auf. Obenauf breiteten Veronika und ich eine grasgrüne Decke aus. Das Lämmchen wirkte eifrig mit und begann sofort hinauf zu klettern, bis es ganz oben auf dem Hügel stand. Die Kinder waren behilflich.

Jedes Kind wollte das Lämmchen streicheln, lieb haben und an sich drücken. Es sah auch allerliebst aus, war frisch gebadet und blütenweiß. Es war die reinste Freude, das Tier mit seinem festen, lockigen Fell mit den Kindern spielen zu sehen. Ganz stolz stand es auf dem Hügel, schaute in die Runde und genoss die Streicheleinheiten der Kinder. Alle waren selig, die Kinder ebenso wie die Omas und Opas, die rundum im Kreis auf ihren Stühlen oder in den Rollstühlen saßen und dem fröhlichen Treiben zusahen.

Ein Besucher, den wir für die Dokumentation eingeladen hatten, meinte später: „Es war unmöglich, das Lämmchen ohne Kinderhände auf ein Bild zu bannen. Ich bin glücklich dabei gewesen zu sein, noch selten habe ich so viele freudige Menschen an einem Platz erlebt."

Titel des Projektes
Der Wolf und das Schaf
ProjektpartnerInnen
NÖ Landespflegeheim Laa an der Thaya – St. Vitusheim
NÖ Landeskindergarten Laa an der Thaya
Inhalt
Eine Märchenstunde für Jung und Alt im Pflegeheim, mit der Hauptattraktion eines Lämmchens.

Schon seit fünf Jahren veranstalten wir regelmäßig an jedem zweiten Dienstag unsere Märchenstunde. Die Omas und Opas, die von unserer Märchenstunde ja einiges gewöhnt sind, waren auch ganz begeistert. Die Freude der Kinder war ansteckend und hat sich auf sie übertragen. Sie winkten, klatschten in die Hände, lachten und sangen beim Abschluss-Lied voll Freude und Hingabe mit.

Den Kindern fiel es sichtlich schwer, sich von dem Schäfchen, welches beim Weggehen von Frau Beate wie ein Schal um ihren Hals gelegt wurde, los zu reißen. Aber es half nichts, wir mussten rechtzeitig zurück im Kindergarten Wehrgarten Straße sein, denn die Eltern oder Großeltern holten ja ihre Kinder ab und so mussten wir auch an diesem Tag rechtzeitig abmarschieren, um pünktlich zurück zu sein.

Die Kinder haben ihren Mamas oder Omas natürlich sofort voll Begeisterung erzählt, welch liebes Lämmchen sie gerade im St. Vitusheim erlebt hatten.
Von der Seniorenpflegerin Beate ließ ich mir später noch erklären, warum das Lämmchen so überhaupt nicht scheu, sondern im Gegenteil, ganz zutraulich war. „Nicht jedes Tier ist so",

Bald nach der gemeinsamen Märchenstunde musste natürlich ein Ausflug zu einer Schafherde geplant werden. So groß war die Beigeisterung.

sagte sie, „aber dieses wurde von seinem Mutterschaf nicht angenommen und so habe ich es mit dem Fläschchen aufgezogen."

Das süße Lämmchen hatte diese Märchenstunde in eine ganz besondere, außergewöhnliche Märchenstunde voller Emotionen und Glück für Jung und Alt verwandelt.

Mäh Lämmchen mäh (Liedtext)

Mäh, Lämmchen, mäh,
das Lämmchen lief im Klee,
da stieß es an ein Steinchen,
da tat ihm weh sein Beinchen,
da schrie das Lämmchen mäh!

Mäh, Lämmchen, mäh,
das Lämmchen lief im Klee,
da stieß es an ein Sträuchelchen,
da tat ihm weh sein Bäuchelchen,
da schrie das Lämmchen mäh!

FRISCHER WIIND DURCH EINE SPIELKONSOLE

Spielkonsolen sind Computer oder computerähnliche Geräte, die in erster Linie für Videospiele entwickelt werden. Neben dem Spielen bieten Spielkonsolen weitere Funktionen, zum Beispiel die Wiedergabe von Audio-CDs und DVD-Videos.

Vor 40 Jahren ging die erste Spielkonsole der Welt in Produktion: die Magnavox Odyssey. Entwickler war Ralph Baer, der schon 1966 auf dem Papier verschiedene Genres für mögliche Spiele festgelegt hat: Schießspiele, Sportspiele, Gesellschaftsspiele und so weiter. Diese Genres dominieren noch heute den Markt. Die meistverkaufte Spielekonsole der Welt ist der Nintendo DS mit über 152 Millionen verkauften Geräten seit 2004. Die Wii ist als Spielkonsole im deutschsprachigen Raum sehr bekannt. Mit einer kabellosen Fernbedienung können lediglich per Bewegung Befehle weitergeben und auf diesem Weg sogar Fitnessübungen gemacht werden.

In der Übergangspflege im Landespflegeheim Mödling haben PatientInnen, die nach einem Krankenhausaufenthalt noch nicht nach Hause können, bis zu zwölf Wochen Zeit, um wieder fit zu werden. Hierher kamen eines Tages sechzehn SchülerInnen aus der HTL Mödling, Abteilung Elektronik und Technische Informatik und Frau Prof. Niedrist mit dem Generationenprojekt „Die Spielkonsole hält Einzug im Pflegeheim".

Die Jugendlichen waren gut vorbereitet und trotzdem aufgeregt – „Wie wird diese Art von Spiel von den älteren Menschen angenommen?", „Können wir es richtig vermitteln?"
Bald zeigte sich, dass ihre Nervosität unbegründet war. Sie wurden von den BewohnerInnen voller Neugier und Spannung erwartet. Es gab sogar so viele InteressentInnen, dass zwei Gruppen gebildet wurden. Während eine der Gruppen gleich mit der Spielkonsole startete, blieb die zweite Gruppe auf der Station und verweilte bei den „alten Spielen".

Momente, die wir beobachteten, die uns berührten und auch lächeln ließen:
- Jugendliche, die sich mutig hinstellten, nervös die Haare aus den Augen strichen und das Medium Spielkonsole mit lauter, klarer Stimme erklärten.
- Jugendliche, die das erste Mal ein „echtes" Brettspiel spielten und viel Spaß dabei hatten.
- Jugendliche, die sich Geschichten von früher anhörten und trotzdem beim „Schnapsen" die richtige Karte ausspielten.
- Jugendliche, die sich beim lockeren Spiel aus dem Handgelenk plötzlich anstrengen mussten, weil sie der Ehrgeiz packte – denn die „Neulinge" waren überraschend gut.
- HeimbewohnerInnen, die sich ärgerten, dass gerade heute der Arzt kam und schnell noch die erste Runde Wiii mitspielten.
- HeimbewohnerInnen, die schon nach dem ersten Wiii-Spiel leichte Anzeichen eines „Suchtverhaltens" an den Tag legten und gar nicht mehr aufhören wollen.
- HeimbewohnerInnen, die geduldig die Spielregeln der „alten" Spiele erklärten, aber dann auf Sieg spielten.
- HeimbewohnerInnen und Jugendliche, die keine Berührungsängste kannten und miteinander gewinnen wollten.

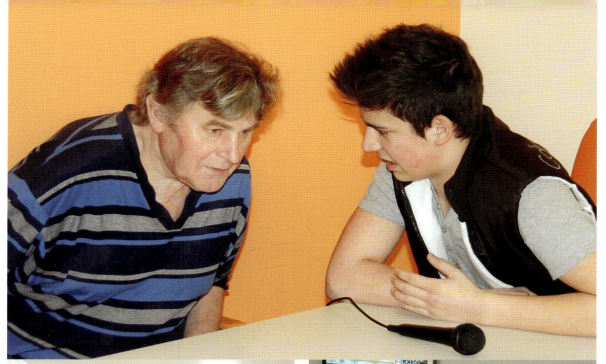

Titel des Projektes
Die Spielkonsole hält Einzug im Pflegeheim
ProjektpartnerInnen
*NÖ Landespflegehem Mödling
HTL Mödling, Abteilung Elektronik und Technische Informatik*
Inhalt
SchülerInnen stellen im Pflegeheim eine selbst entwickelte Spielkonsole vor. Gemeinsam wird mit der Spielkonsole gespielt, ebenso jedoch Brettspiele und alte Kartenspiele.

Talent Day 2012: „Clever Together. Dialog der Generationen"

Das Bundesministerium für Unterricht, Kunst und Kultur (BMUKK), das Österreichische Zentrum für Begabtenförderung und Begabungsforschung (ÖZBF), die Bundesländerkoordinationsstellen und ECHA-Österreich rufen zu einem österreichischen Tag der Talente auf. Der bundesweite Tag der Talente ist der österreichische Beitrag zum jährlichen Europäischen Tag der Talente, der das erste Mal im März 2011 stattfand. Das Thema „Clever Together. Dialog der Generationen" wurde in Anlehnung an das „Europäische Jahr des aktiven Alterns und der Solidarität zwischen den Generationen" gewählt. Es sollten insbesondere Aspekte der Förderung, Einbringung und Wertschätzung von Talenten über die Generationen hinweg aufgegriffen werden.

„Spielend zusammenfinden – Die Spielkonsole hält Einzug im Pflegeheim"

Der Klasse 2AHEL der Abteilung Elektronik wurde im März 2012 in Krems der 2. Platz für das Projekt „Spielend zusammenfinden – Die Spielkonsole hält Einzug im Pflegeheim" verliehen. Bei dem Projekt ging es darum, älteren Menschen den Spaß an der modernen Technik näher zu bringen. Das Projekt wurde gemeinsam mit BewohnerInnen des Landespflegeheim Mödling durchgeführt. Dabei wurde die Spielkonsole Nintendo Wii eingesetzt. Trotz anfänglicher Skepsis waren fast alle mitwirkenden BewohnerInnen begeistert von der neuen Technik.

Bei der Preisverleihung haben wir das Projekt durch einen kurzen Film präsentiert, in welchem wir die Vorbereitung und die Durchführung des Projektes dokumentiert hatten.

Trotz starker Konkurrenz wurde das Projekt mit dem zweiten Platz und einem Preisgeld ausgezeichnet. Mit dem gewonnenen Preisgeld wollen wir zur Einrichtung eines neuen Aufenthaltsraumes in der Abteilung beitragen.

Alexander Bokor, Klasse 2AHEL

Wir, sechzehn SchülerInnen aus der 2AHEL, HTL Mödling Abteilung Elektronik und Technische Informatik, konnten heuer tolle Eindrücke und Erfahrungen bei einem Generationenprojekt sammeln und auch noch einen Preis gewinnen. Das kam so:
Kurz nach den Semesterferien stellte uns Fr. Prof. Niedrist ihre Idee von einem Generationenprojekt vor. Zunächst waren wir ein bisschen zurückhaltend was die Idee betraf, aber Frau Prof. Niedrist konnte uns mit ihrem Enthusiasmus mitreißen. Aus einer einfachen Idee wurde ein großes Projekt. Wir nannten es: Die Spielkonsole hält Einzug im Pflegeheim.

Die Klasse 2AHEL der HTL Mödling, Abteilung Elektronik und Technische Informatik wurde beim „Talent Day 2012" für das Projekt „Die Spielkonsole hält Einzug im Pflegeheim" mit dem hervorragenden 2. Platz ausgezeichnet. Prompt folgte auch eine Einladung in ein weiteres Heim.

Nun begann die Phase der Planung. Wir gaben uns alle sehr viel Mühe, um ein geeignetes Programm für unser Projekt zu finden. Was am Anfang noch recht einfach klang, nahm dann schließlich sehr viel Zeit in Anspruch. Trotz des Zeitaufwandes haben wir alle mit großer Freude an dem Projekt gearbeitet.

Wie der Projektname schon sagt, wollten wir den BewohnerInnen des Landespflegeheims Mödling ein Stück von unserer Technik näher bringen. Dazu verwendeten wir die Spielekonsole Nintendo Wii, die durch Bewegung der Arme und einer Fernbedienung gesteuert wird. Wir empfanden die Nintendo Wii als gute Konsole, auch für die ältere Generation, da sie sehr leicht zu bedienen ist und viel Spaß bereiten kann.
Den Besuch in der Übergangspflege-Station des Landespflegeheims Mödling setzten wir im März 2012 an. Wir waren ein bisschen besorgt, ob unser Projekt auch bei den BewohnerInnen Anklang finden würde. Aber wie sich herausstellte, war unsere Besorgnis völlig unbegründet gewesen.

Wir wurden von den BewohnerInnen, Pflegerinnen und auch von Direktor Reisner – dem eigentlichen Vater der Wii-Idee - herzlich empfangen und von der Pflegeleiterin Frau Wolf bestens betreut.

Acht BewohnerInnen des LPH Mödling nahmen an unserem Projekt teil. Wir teilten die Leute in zwei Gruppen. Der einen Gruppe stellten wir die Wii vor und führten sie ins Bowling-Spielen mit Konsole und Fernbedienung ein. Mit der anderen Gruppe spielten wir in der Zwischenzeit Brett- oder Kartenspiele. Danach wurde gewechselt.

Alle ProjektteilnehmerInnen waren mit großem Einsatz und viel Freude bei der Sache. Jung und Alt kam durch das Spiel zusammen, lernten voneinander, lachten miteinander und verbrachten insgesamt einen sehr netten Vormittag miteinander.

Aus diesem Tag zogen wir SchülerInnen ein gutes Resümee: wir wurden sehr gelobt und hatten ganz neue tolle Erfahrungen gesammelt.
Ein weiterer positiver Aspekt an diesem Projekt war, dass wir mit dieser Idee einen Preis gewinnen konnten. Dieser wurde uns am 22. März 2012 auf der Veranstaltung zum „Talent-Day" überreicht. Wir konnten mehrere Projekte in unserer Altersgruppe übertreffen und gewannen somit den 2. Platz. Wir freuten uns natürlich sehr, denn nun haben sich unsere Bemühungen doppelt ausgezahlt. Auch eine Einladung in ein anderes Pflegeheim zur Durchführung unseres Projekts haben wir dabei erhalten.

Abschließend wollen wir uns noch einmal bei Frau Dipl. Ing. Niedrist für ihre Projektleitung und bei der Heimleitung und den BewohnerInnen für ihre Mitarbeit danken. Auch über weitere Möglichkeiten der Zusammenarbeit mit dem Landespflegeheim Mödling wurde bereits gesprochen, wir würden uns sehr freuen.

Katja Neurauter, Lisa Romako, Klasse 2AHEL

„Gerade heute kommt der Arzt – und ich hätte so gerne nochmals mit diesem Ding gespielt!"

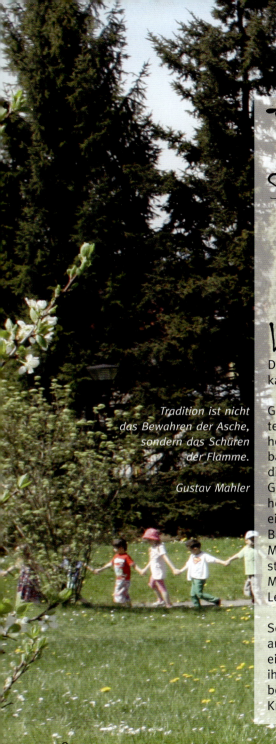

TRADITION SCHAFFT BEGEGNUNG

Tradition ist nicht das Bewahren der Asche, sondern das Schüren der Flamme.

Gustav Mahler

Was macht man am 1. Mai? Maibaum aufstellen!

Der 1. Mai ist der „Tag der Arbeit" und auch ein katholischer Gedenktag an „Josef, den Arbeiter".

Gemeinsam mit den Kindern des Bergkindergartens haben die BewohnerInnen des Moorbadheimes Schrems die alte Tradition des Maibaumaufstellens wieder aufleben lassen. Denn die Weitergabe von Traditionen an die jüngere Generation wird hier als Aufgabe der Gesellschaft hochgehalten. Das Flechten des Kranzes und einer Girlande sowie das Schmücken mit bunten Bändern gehören ebenso dazu wie auch das Mithelfen beim Tragen des Baumes. Für das Aufstellen des Maibaumes braucht es einige starker Männer und Frauen, traditionell natürlich mit Leitern und sogenannten „Schwoablern".

Schon bei den Vorbereitungen für das Maibaumaufstellen sind die Kindergartenkinder stets eingebunden. Die HeimbewohnerInnen zeigen ihnen wie die bunten Bänder auf dem Maikranz befestigt werden und lehren sie das Binden der Knoten.

Die Zeit, die die Kinder im Heim verbringen, ist gekennzeichnet von Fröhlichkeit und Unbeschwertheit und stellt für die SeniorInnen eine große Bereicherung im Heimalltag dar.
Beim gemeinsamen Arbeiten werden Erinnerungen wach und die SeniorInnen erzählen von den alten Bräuchen rund um dieses Fest. Früher wurde das Maibaumaufstellen oft unter großen Entbehrungen gefeiert.

Aber auch von der „Magie des Maibaumes" erzählen die SeniorInnen. Den verschiedenen Teilen des Baumes kommen dabei unterschiedliche Bedeutungen zu. So sollen in der Baumkrone die guten Geister wohnen. Fehlt der Wipfel, so ist der Baum seelenlos, entmachtet und kraftlos. Der Kranz versinnbildlicht das Weibliche. Fehlt dieser Kranz, so hat der Baum sein Fruchtbarkeitssymbol eingebüßt. Mit den Bändern am Kranz ist der Segen des Gedeihens verbunden. Der Stamm versinnbildlicht Kraft und Gesundheit. Die Rinde muss abgeschält werden, damit sich nicht Hexen und böse Geister in Gestalt von Käfern darin verstecken können. Die Symbolschilder zeigen, wem dieser Maibaum zugedacht ist. Früher zeigte er auch Sinnbilder des örtlichen Lebens, zum

Beispiel aus dem Bauernstand oder der Handwerkskunst.

Am 1. Mai spielte im Moorbadheim Schrems dann die Blasmusikkapelle aus Hoheneich auf. Dieses Jahr konnte bei herrlichem Wetter auch das Mittagessen im Garten des Moorbadheimes eingenommen werden. Mit Begeisterung waren alle dabei und so wurde aus dem Maibaumaufstellen auch diesmal wieder ein gelungenes Fest.

Viel wurde auch von lustigen Streichen berichtet. So erzählte Frau Margarethe A.: „Ich hab' in der Nacht zum 1. Mai, in der sogenannten „Unruhnacht", einen Maisteig, das ist eine Kalkspur, die zu mein Liebsten g'führt hat, bekommen. Jeder im Dorf hat dann von unserer Liebschaft g'wusst."

Frau Leopoldine Sch. erinnert sich: „Mir hams mei' Scheibtruhe mit Mist angefüllt und auf'n Dorfplatz g'stellt, dann hab' ich durch's Dorf damit heimfahren müssen. Da hab' ich mich schon a bisserl geärgert!"

Frau Maria A. berichtete zwinkernd: „Ich war auch bei denen dabei, die viel ang'stellt hab'n. Wir hab'n die Türschnallen der Häuser mit Schmierseife eingerieben. Die Burschen aus dem Dorf hab'n sogar einen Bretterwagen aufs Hausdach g'stellt und einen VW-Käfer zum Waldrand g'schoben, na der Besitzer hat am nächsten Tag schön g'schaut!"

Frau Hilda B. lächelte und ihre Augen funkelten geheimnisvoll: „Früher hat's in manchen Ortschaften einen Maitanz gegeben und net selten hat ein Madl da ihr'n Liebsten kenneng'lernt."

Herr Karl P. erzählte: „Wir Buam haben uns in der Nacht immer abgewechselt und auf den Maibaum aufgepasst, damit ihn die Burschen aus dem Nachbarort net umschneiden, des wär a Schand' g'wesen!"

Frau Paula H. verbindet schlimme Erinnerungen mit dem 1. Mai: „Ich erinnere mich net gern an den 1. Mai. Ich bin an diesem Tag während des Krieges von den Russen verschleppt worden und sie ham mi erst nach drei Tagen wieder freilossn."

Der intergenerationelle Dialog wird im Moorbadheim Schrems schon lange gepflegt. Feste im Jahreskreis, die Teil der Tradition in unserer Gesellschaft sind, werden gemeinsam mit Kindern und Jugendlichen gefeiert. Es ist unsere Aufgabe, dass diese nicht in Vergessenheit geraten.

Titel des Projektes
Tradition schafft Begegnung
ProjektpartnerInnen
NÖ Landespflegeheim Schrems – Moorbadheim
NÖ Landeskindergarten Schrems – Bergkindergarten
Inhalt
Traditionelles gemeinsames Maibaumaufstellen

Die Magie des Maibaumes

Den verschiedenen Teilen des Baumes kommen unterschiedliche Bedeutungen zu. In der Baumkrone wohnen die guten Geister. Fehlt der Wipfel, so ist der Baum seelenlos, entmachtet und kraftlos. Der Kranz versinnbildlicht das Weibliche. Fehlt dieser Kranz, so hat der Baum sein Fruchtbarkeitssymbol eingebüßt. Mit den Bändern am Kranz ist der Segen des Gedeihens verbunden. Der Stamm versinnbildlicht Kraft und Gesundheit. Die Rinde muss abgeschält werden, damit sich nicht Hexen und böse Geister in Gestalt von Käfern darin verstecken können.

ZU EINER ANDEREN ZEIT AN EINEM ANDEREN ORT

Es war wieder soweit. In einer der Gesprächsrunden im Landespflegeheim Himberg tauschten die BewohnerInnen ihre Wünsche, Sorgen und Ängste aus und brachten Anregungen und Ideen ein.

Frau Anna W. erzählte über ihr früheres Daheim und wie sehr ihr viele liebgewordene Dinge von damals fehlten, die sie in ihr neues Heim nicht mitnehmen hatte können. Da kam ihr die Idee, dass man diese Hausratsgegenstände auf einem Flohmarkt für einen guten Zweck verkaufen könnte.

Das war Ende der 1990-iger Jahre und die Geburtsstunde unseres ersten Flohmarktes im Landespflegeheim Himberg. Schon damals hatten wir eine sehr gute Zusammenarbeit mit der Polytechnischen Schule in Himberg. Die SchülerInnen der Dienstleistungsklasse kamen wöchentlich zu uns auf Besuch. Nichts war naheliegender, als die Flohmarkt-Idee im Zusammenspiel der BewohnerInnen, SchülerInnen und ehrenamtlichen MitarbeiterInnen zu verwirklichen.

Die Mundpropaganda der SchülerInnen und LehrerInnen, des Ehreamtsteams und der MitarbeiterInnen in unserem Haus funktionierte hervorragend. In nur kurzer Zeit erhielten wir unzählige Sachspenden. Unsere Freude war groß. Voller Kreativität und Eifer gestalteten die SchülerInnen schließlich Plakate und Einladungen.

Frau Anna W. war begeistert und zugleich auch sichtlich berührt von unseren gemeinsamen Vorbereitungen des ersten Flohmarktes im Landespflegeheim Himberg. Er sollte ein voller Erfolg werden, der uns motivierte weiterzumachen.

Jahre sind seither vergangen. Im Zuge eines generationsübergreifenden Projektes zum Jahresthema 2012 „Europäisches Jahr des aktiven Alterns und der Solidarität zwischen den Generationen" erinnerten wir uns an eine liebenswerte alte Dame, der es schon vor vielen Jahren gelungen war, Jung und Alt für eine gemeinsame Idee zu begeistern.

Im Laurentiusheim verbindet ein Generationen-Flohmarkt Jung & Alt und sorgt für anregende Gespräche.

Titel des Projektes
Zu einer anderen Zeit an einem anderen Ort
ProjektpartnerInnen
*NÖ Landespflegeheim Himberg – Laurentiusheim
Polytechnische Schule Himberg*
Inhalt
Drei-Tages-Fest mit einem großem Generationen-Flohmarkt

Und so starteten wir im Frühjahr 2012 mit den Vorbereitungen für einen großen Drei-Tages-Flohmarkt, unser "Dreitagesfest im Laurentiusheim", wie wir es nannten.

Für drei lange Tage planten wir ein Fest für alle Sinne mit einem großen Generationen-Flohmarkt. SchülerInnen, LehrerInnen, MitarbeiterInnen und das Ehrenamtsteam rührten auch diesmal die Werbetrommel und trugen jede Menge Flohmarktdinge zusammen. Es wurde ein berauschendes Fest mit viel Zeit für den intergenerationellen Austausch, Kulinarik, gemeinsames Lachen und Scherzen und Unterhalten.

Schon am Morgen duftete es im Foyer nach Kaffee und frischen Mehlspeisen, die von den SchülerInnen serviert wurden. Die Jugendlichen brachten die BewohnerInnen, die allein nicht mehr mobil genug waren, von ihren Zimmern zum Fest. Gemeinsam mit dem Ehrenamtsteam übernahmen sie auch den Verkauf beim Generationen-Flohmarkt. Zu erstehen gab es eine bunte Vielfalt von Büchern und Spielen und so mancherlei Gramuri bis hin zu Porzellanpuppen, Geschirr, Dekorationsartikeln für jede Jahreszeit und Kuriositäten.

Es war schön, diese Buntheit des Heimalltags zu erleben, die Freude der BewohnerInnen selbst etwas zu kaufen und zu beobachten, wie neue Freundschaften zwischen Jung und Alt geschlossen wurden. Auch ein reger Vergleich wurde angestellt zwischen dem Leben einer Hausfrau vor fünfzig, sechzig Jahren und wie junge Frauen heute leben, was sie nach wie vor verbindet, was sie nach wie vor gemeinsam haben und was völlig anders geworden ist.

Was für einen wunderbaren, verbindenden Gesprächsstoff zwischen Jung und Alt gerade solch ein Flohmarkt bietet! Er versetzt uns alle zu einer anderen Zeit an einen anderen Ort.

JUNG UND ALT VEREINT

Seit 2005 bekommen die BewohnerInnen des SeneCura Sozialzentrum Pressbaum jeden Freitag Besuch von je einer Klasse der Volksschule des Sacre Coeur. Die BewohnerInnen erwarten die Kinder stets mit großer Freude.

Die Kinder nehmen eine Stunde Wegzeit auf sich, um mit den BewohnerInnen zu singen, spielen, plaudern, basteln, ... Auch Theaterstücke und Musicals haben die Kinder bereits aufgeführt.

Die SeniorenbetreuerInnen freuen sich besonders darüber, dass die Kinder einen ganz natürlichen Zugang zu den alten und auch dementen Menschen haben. Immer wieder gelingt es ihnen BewohnerInnen aus der Reserve zu locken, die sonst oft verschlossen sind. Und sie verstehen es auch jenen ein Lächeln ins Gesicht zu zaubern, die selten lächeln.

„Unser Projekt versteht sich als Brücke zwischen den Generationen, um Berührungsängste so früh wie möglich abzubauen und dem Thema Altern tabuloser gegenüber zu stehen. Die Kinder haben oft einen besseren Zugang zu alten Menschen, da sie mit ihrer Unbeschwertheit und Leichtigkeit viele Barrieren brechen können. Außerdem finde ich es schön, das Seniorenheim mit dem guten Gefühl zu verlassen, den älteren Menschen durch unsere Anwesenheit ein paar Stunden Freude und Abwechslung bieten zu können", so eine der LehrerInnen.

„Ich hatte ein bissi Angst – mit Adolf, einem Bewohner, habe ich mich aber dann sehr angefreundet."

Nun soll es erstmals ein gemeinsames Konzert mit den „Pressbaumer Altspatzen", dem Chor der BewohnerInnen, und dem Kinderchor geben. "Komm sing mit!", lautet das Motto des Volksschulchores. Die Kinder gehen mit viel Motivation und Begeisterung an neue Lieder heran und beweisen Musikalität und gutes Taktgefühl.
Die 30 „Pressbaumer Altspatzen" haben unter der Leitung der ehrenamtlichen Mitarbeiterin Angelika Heissig schon einige große Auftritte mit Freude und Stolz hinter sich gebracht und begeisterten ihr Publikum. Jetzt warten die ersten gemeinsamen Proben und Auftritte auf Jung und Alt. Die Aufregung ist groß – auf beiden Seiten.

denen reden?" Danach begeistert: „Herr P. hat mir vom Tennisspielen und vom Boxen erzählt." ... „Eine Dame hat bei unserem Singen geweint. Ich glaube, es waren Freudentränen." ... „Ich ging zu Frau B., weil sie so traurig dreinschaute. Sie wollte meine Hände gar nicht mehr loslassen." ... „Ich lese am liebsten Frau H. etwas vor, weil sie blind ist und wir freuen uns beide darüber." ... „..., dann habe ich sie gewinnen lassen." ... „Stell dir vor, Herr P. hat gesagt: „... das ist ein Dreck." - auch alte Leute sagen manchmal Wörter, die sich nicht gehören."
... Zwei Kinder im Gespräch: „Du musst halt aufpassen, die sind schon recht alt."

Titel des Projektes
Jung und alt vereint
ProjektpartnerInnen
SeneCura Sozialzentrum Pressbaum
Volksschule Sacre Coeur Pressbaum
Inhalt
Gemeinsames Singen, Spielen, Plaudern, Basteln – und neu: ein gemeinsamer Chor mit gemeinsamen Auftritten!

Worte, aus Kindermund

„Ah, das wird lustig werden" ... „Was – ins Altersheim? Ich bin ein bisschen erschrocken." ... „Ich hatte ein bissi Angst – mit Adolf, einem Bewohner, habe ich mich aber dann sehr angefreundet." ... „Ich war nervös. Werden die Menschen dort vielleicht auch grantig sein? Es ist aber sehr schön." ... „Was soll ich mit

JUNG HÄLT JUNG – GEMEINSAM BLEIBEN WIR IN SCHWUNG

Ein Zitat der Volksschule Seitenstetten, das in einem Satz beschreibt, was Intergeneration bedeutet: „Die Jugend ernährt sich von Träumen, das Alter von Erinnerungen".

Alles begann 1997. Der Kindergarten der Gemeinde St. Peter in der Au befand sich in einer Notsituation. Es wurde Platz für eine neue Kindergartengruppe gesucht. Das Landespflegeheim St. Peter in der Au konnte den benötigten Raum zur Verfügung stellen. So zog der Kindergarten ein und es entstanden erste Kontakte und regelmäßig zweimal pro Woche gemeinsame Aktivitäten zwischen den Kindern und den SeniorInnen. Bald war allen klar: beide Seiten profitierten so viel voneinander!

Während die SeniorInnen beim Kochen und Backen ihre Erfahrungen einbringen und den Kindern helfen, zeigen die Kinder, dass sie beim Basteln und Malen oftmals die besseren „Profis" sind. Da unterstützen sie die SeniorInnen. Für alle gilt: Ob Gymnastik, Basteln, Kochen, Spielen, Tanzen – die Kinder und alten Menschen sind mit Begeisterung dabei.

Heute treffen die Kinder und die SeniorInnen einander abwechselnd einmal im Heim, einmal im Kindergarten. Das Leuchten in den Augen der BewohnerInnen und Kinder spricht Bände, wenn wieder Besuchstag ist. Höhepunkt sind die Besuche der Kinder auf den Pflegestationen im Heim zu den Festen im Jahreskreis wie Erntedank, St. Martin, Nikolaus, Weihnachten, Ostern oder Muttertag.

Die positiven Erfahrungen mit dem Kindergarten macht im Landespflegeheim St. in der Au Lust auf

mehr. Und so folgten mit der Zeit weitere Kooperationen mit Kindern und Jugendlichen anderer Altersstufen: mit der Volksschule Seitenstetten und dem Polytechnischen Lehrgang St. Peter in der Au.

Die VolksschülerInnen lesen den BewohnerInnen immer wieder Geschichten vor und gemeinsam werden alte und neue Spiele gespielt.
Im Rahmen des Schulzweiges „Sozialberufe" sammeln auch die Jugendlichen des Polytechnischen Lehrganges zweimal pro Woche wertvolle Erfahrungen im Heim. Zum Highlight wurde eine Indoor Minigolf-Anlage, die die SchülerInnen des „Holzzweiges" des Polytechnischen Lehrganges anfertigten. Die Idee ist im Rahmen der Ausbildung einer Seniorenbetreuerin zur Ehrenamtskoordinatorin entstanden und wurde kurz darauf umgesetzt. Heute matchen sich SchülerInnen und BewohnerInnen hier gerne beim Minigolf und nicht selten sind die Älteren die Gewinner. Ein Schuss – ein Treffer!

Szenen der Begegnung

Die SeniorInnen werden bei gemeinsamen Bewegungsübungen von den Kindern angesteckt und bemühen sich alles so gut wie möglich zu machen. Frau Elisabeth meinte voll Freude: „Ich könnt ihnen nur zuschauen, ich brauch sie nur anschauen und schon weiß ich, wie es geht".

Die SeniorInnen boten den Kindern Hilfestellungen an: "Magst du noch was? Na komm, ich helfe dir beim Zuckern!". Die Wortwahl der BewohnerInnen änderte sich. Anstatt „Wir kommen, um Euch zu helfen" formulieren sie heute „Wir kommen, um mit euch zu backen."

Elena genoss die gegenseitige Massage nach der Motopädagogik-Stunde, ging zu allen BewohnerInnen um sich massieren zu lassen und sagte abschließend „Das war das Schönste!"

Ein Bewohner beim Basteln: „Ich kann das nicht mehr, da bin ich schon zu „patschert" – darauf ein Kind: „Soll ich dir das ausschneiden?"

Daniel am Ende eines Besuchstages: „Super war's – mir hat alles gefallen".

Titel des Projektes
Jung hält jung – gemeinsam bleiben wir in Schwung
ProjektpartnerInnen
NÖ Landespflegeheim St. Peter in der Au
NÖ Landeskindergarten St. Peter in der Au
Volksschule Seitenstetten
Polytechnische Schule St. Peter in der Au
Inhalt
Gemeinsame Feste und Projekte, die verbinden, ob Sommerfest oder eine Indoor-Minigolfbahn für Jung & Alt.

FLIEGEN, WIE EIN SCHMETTERLING

Das griechische Wort „Psyche" steht sowohl für die Bedeutung „Seele" als auch für die Bedeutung „Schmetterling". Und so sahen die Griechen in einem Schmetterling auch das Sinnbild und die Verkörperung einer Seele. Damit wurde der Schmetterling auch zum Sinnbild der Unsterblichkeit und der Transformation der Seele. Bestimmte Schmetterlingsarten wurden verehrt, weil man in ihnen die Seele der Verstorbenen sah.

Die Betreuungsphilosophie des Landespflegeheimes Raabs an der Thaya ist die Eden-Alternative®. Diese soll sich schon im Eingangsbereich des Hauses widerspiegeln. Die Eden-Alternative® verfolgt das Ziel, der Einsamkeit, der Nutz- und Hilflosigkeit sowie der Langeweile im Alter entgegenzuwirken und ein selbstbestimmtes Leben zu unterstützen.

Im Mittelpunkt stehen die Fürsorge für BewohnerInnen und MitarbeiterInnen sowie ein Wohn- und Arbeitsumfeld, das sich an menschlichen Bedürfnissen wie Zugehörigkeit, Gegenseitigkeit, Abwechslung, Spontaneität und menschlicher Nähe orientiert und eine vielfältige und belebende Umgebung für alle Beteiligten bildet. Messungen von „sozialem Kapital" in Eden-Einrichtungen sprechen eine deutliche Sprache. Das Heim wird zu einem Ort des menschlichen Wachstums, zum Zuhause der alten Menschen, wo andere Menschen aller Altersgruppen ein- und ausgehen, wo Tiere, Pflanzen und Gärten die Umgebung bereichern und menschliche Wärme nährt.

Schon der Eingangsbereich des Landespflegeheimes Laa an der Thaya soll das erste Gefühl von Wohlbefinden erwecken und die BewohnerInnen einladen, sich zuhause zu fühlen. So entstand die Idee, mit Kindern gemeinsam ein großes Bild kreativ zu gestalten. Mit SchülerInnen der Hauptschule Laa an der Thaya gingen wir ans Werk. Wir suchten nach einem geeigneten Motiv und fanden den Schmetterling. Schmetterlinge vermitteln das Gefühl von Freiheit und Schwerelosigkeit. Frei sein wie ein Schmetterling mit allen Möglichkeiten, auch wenn man nicht mehr zuhause leben kann. Schmetterlinge faszinieren Menschen jeden Alters – nicht nur mit ihrem oft farbenprächtigen Kleid, sondern auch mit ihren Entwicklungsphasen, die sie in ihrem Lebens durchlaufen: Ei, Raupe (Larve), Verpuppung und schlüpfen des „fertigen" Falters! Sich entfalten wie ein Schmetterling, denn Leben ist entfalten – ein Leben lang.

Unser Bild sollte schließlich „Fliegen, wie ein Schmetterling" heißen und diese Freiheit und Schwerelosigkeit der Schmetterlinge symbolisieren. „Ach, könnt ich nur fliegen wie ein Schmetterling", seufzte Frau Adele Schicka während sie gemeinsam mit einer Schülerin einen großen bunten Schmetterling malte.

Unser Bild wurde einzigartig, farbenfroh und vielfältig, wie die KünstlerInnen selbst. Und es lädt zum Träumen ein, denn ob wir jung oder alt sind – unsere Träume sollten wir niemals verlieren!

Titel des Projektes
Wir bringen Kräuter in den Garten
ProjektpartnerInnen
NÖ Landespflegeheim Raabs an der Thaya – Thayatalheim
Hauptschule Laa an der Thaya
Inhalt
Anlegen einer Kräuterspirale im Garten der Pflegestation 2

„*Leben ist nicht genug, sagte der Schmetterling. Sonnenschein, Freiheit und eine kleine Blume gehören auch dazu.*"

Hans Christian Andersen

Wenn die Raupen wüssten, was einmal sein wird
wenn sie erst Schmetterlinge sind,
sie würden ganz anders leben:
froher, zuversichtlicher und hoffnungsvoller.
Der Tod ist nicht das Letzte.

Der Schmetterling ist das Symbol der Verwandlung,
Sinnbild der Auferstehung.
Das Leben endet nicht, es wird verändert.
Der Schmetterling erinnert uns daran,
„dass wir auf dieser Welt nicht ganz zu Hause sind".

VerfasserIn unbekannt

Jedes Ende ist ein strahlender Beginn

Wenn wir den Körper ablegen, werden wir frei sein von Schmerzen, Angst und allem Kummer – frei sein, wie ein bunter Schmetterling – Dürfen heimkehren zu Gott.

Erst wenn alle Arbeit getan ist, wofür wir auf die Erde kamen, dürfen wir den Körper ablegen. Er umschließt die Seele wie die Puppe den künftigen schönen Schmetterling.

Richtig leben heißt im eigentlichen Sinne lieben lernen. Unter Liebe verstehe ich Leben und Tod. Denn sie sind beide ein und dasselbe.

Wie wäre unsere Welt beschaffen, wenn wir uns alle ein wenig Mühe gäben, die Dinge zu segnen, die wir haben, anstatt unser Schicksal zu verfluchen wegen der Dinge, die wir nicht haben.

Elisabeth Kübler-Ross in „Jedes Ende ist ein strahlender Beginn", Verlag „Die Silberschnur" GmbH

EINE ZEITREISE

Begegnungen mit Kindern und Jugendlichen sind bei den BewohnerInnen des Agnesheimes sehr beliebt. So wurden im Laufe der Jahre mehrere Kooperationen mit Kindergärten und Schulen aufgebaut, die den Heimalltag bereichern. Die Lebendigkeit der Kinder und Jugendlichen wirkt ansteckend. Diese wiederum lernen Berührungsängste abzubauen und soziale Kompetenzen im Umgang mit der älteren Generation zu entwickeln.

Zwei Schulprojekte in Kooperation mit dem Agnesheim standen zuletzt unter dem Motto „Zeitreise".
Die SchülerInnen der KreaMont Schule widmeten sich dem Thema „Spiele einst und jetzt" und brachten Schwung und Abwechslung in den Heimalltag. Auch wenn die BewohnerInnen beim Seilspringen oder Tempelhüpfen nicht mehr mitmachen konnten, hat es doch Spaß gemacht, den Kindern dabei zuzusehen.
Die SchülerInnen der neuen Mittelschule Langstögergasse setzten sich mit dem Thema „Leben damals – Leben heute" auseinander und erarbeiten in Gesprächen mit den BewohnerInnen Unterschiede. Erinnerungen der BewohnerInnen wurden wachgerufen und Jung und Alt setzte sich intensiv mit der eigenen und der jeweils anderen Lebensgeschichte auseinander.

„Spiele einst und jetzt" in Kooperation mit der KreaMont Schule und „Leben damals – Leben heute" mit der Neuen Mittelschule Langstögergasse waren zwei Zeitreise-Projekte zwischen SchülerInnen und BewohnerInnen des Agnesheimes.

Eine Zeitreise, SchülerInnen im Gespräch mit SeniorInnen

Unsere Deutschlehrerinnen Frau Böhm und Frau Bildl besuchten mit einigen SchülerInnen aus den ersten Leistungsgruppen das Agnesheim. Dort wurden wir von einer sehr netten Mitarbeiterin immer zu zweit den BewohnerInnen des Heimes zugeteilt. Wir kamen zu Frau Christine Schönthaler.
Mit ihrer Lebensgeschichte über ihre Zeit im Krieg, ihre Gefangenschaft bei den Amerikanern und den Verlust ihres Beines berührte sie uns sehr. Da Christine so alt war wie wir jetzt, als Hitler einmarschierte, hatte sie keine richtige Jugend, weil sie immer Angst haben musste, zu sterben. Doch mit lustigen Geschichten, wie sie mit ihren Kolleginnen in der Schule die Mathe Tests gestohlen hatte, weil sie dieses Fach hasste oder dass ihr Kasten vor lauter Gewand übergeht, sie aber trotzdem nichts zum Anziehen findet, munterte sie uns sofort wieder auf. Wenn man früher mit heute vergleicht, hat sich fast alles geändert. Wir haben erkannt, dass wir viel unbeschwerter leben. Wir haben sehr viel Glück, dass wir das alles nicht erleben mussten und so eine schöne Jugend haben.

Titel des Projektes
Eine Zeitreise
ProjektpartnerInnen
NÖ Landespflegeheim Klosterneuburg – Agnesheim
Privatschule KreaMont (Kreatives Lernen nach Montessori) St. Andrä-Wördern
Neue Mittelschule Langstögergasse
Inhalt
Gemeinsam mit SchülerInnen der Privatschule Kreamont und der Neuen Mittelschule Langstögergasse begaben sich die BewohnerInnen des Agnesheimes auf eine Zeitreise. Was würde früher gespielt und welche Spiele werden heute gespielt? Wie war das Leben damals und wie ist es heute?

Wir hören nicht auf zu spielen,
weil wir älter werden.
Wir altern,
weil wir zu spielen aufhören.

Satchel Paige

„Für uns war Christine perfekt, weil sie genauso gerne lacht, redet und shoppt wie wir. Im Sommer folgt die nächste „Mädels - Tratschrunde"."

Es war ein tolles Erlebnis, Christine Freude zu bereiten und mit ihr zu reden. Wir freuen uns schon auf unser Wiedersehen. Dann können wir auch ihre fertige Tischdecke, an der sie seit zwei Monaten arbeitet, bewundern.
Für uns war Christine perfekt, weil sie genauso gerne lacht, redet und shoppt wie wir. Im Sommer folgt die nächste „Mädels - Tratschrunde".

Lisa Scheibböck und Tanja Gastinger, beide 14 Jahre, im Gespräch mit Christine Schönthaler, 86 Jahre

Es dauerte nicht lange und schon kam unsere Betreuerin mit einem alten Mann, der rechts von ihr ging. Ich war sehr überrascht, denn ich hatte nicht erwartet, dass wir einen Mann bekommen würden. Es stellte sich heraus, dass er ein humorvoller, netter und freundlicher Naturmensch war. Sein Name war Georg H. Wir haben ihn zweimal nach seinem Alter gefragt, aber er hat es uns nicht verraten. Wir wissen jedoch, dass er über 70 Jahre alt sein muss. Georg erzählte uns viel über seine Abenteuer, die er als junger Mann erlebt hatte. Als wir ihn etwas über den Krieg fragten, antwortete er meistens, dass der Krieg grausam sei und er dich verändere. Georg hat uns erzählt, dass er eine nicht so gute Kindheit hatte. Sein Vater war im Krieg und seine Mutter arbeitete im Haushalt. Es gab oft Prügel. Man hat ihm auch ein wenig angesehen, dass seine Kindheit nicht die beste Zeit für ihn war. Georg erzählte uns auch, wie oft und wie gerne er in seinen jungen Jahren gewandert ist. Er meinte stolz, dass er etwa 20 Jahre seines Lebens nur gereist sei.

Im Unterschiede zur Jugend von heute hatte er weniger Spielmöglichkeit und natürlich kein Taschengeld. Bekam er doch Taschengeld, dann war das, weil er hart arbeiten musste dafür.
Georg hat einen Bruder und drei Kinder, seine Frau ist verstorben. Zu seinen Kindern und zu seinem Bruder hat er jetzt keinen Kontakt mehr. Auch hat er niemanden, der ihn besuchen kommt. Das hat Patricia und mich ein bisschen traurig gemacht. Hoffentlich können wir mit der Klasse die alten Menschen im Agnesheim bald wieder besuchen. Es hat mir dort sehr gut gefallen!

Donalyn Medrano, 14 Jahre, im Gespräch (gemeinsam mit Patricia Strasser) mit Georg H., über siebzig Jahre

Wir haben uns mit Georg sehr gut verstanden und das Gespräch mit ihm war auch sehr interessant und informativ. Wir haben über den Weltkrieg geredet und wo er als Soldat stationiert war. Er hat uns erzählt, dass er sogar ein Leben gerettet hat.
Als ein Mann jemanden mit einer Harpune abschießen wollte, hat er das verhindert. Mit 70 hat er aufgehört zu arbeiten und war sehr viel unterwegs. Sein genaues Alter können wir nicht sagen. Er wurde in Wien geboren und ist ein sehr religiös denkender Mensch.
In seiner Jugend war er viel in der Natur, weil es keine Fernseher und Telefone gab. Es gab nur ein Radio und nur einen Sender. Die LehrerInnen wurden von den Kindern nur dann respektiert, wenn sie freundlich zu ihnen waren und nicht fies. Die Kleidung von früher war einfach, Schuhe waren ein Luxus. Auch Süßigkeiten waren ein Luxus. Zur Schule sind sie zu Fuß gegangen, oft sogar drei Kilometer weit. Es gab einen Bus, aber der war nicht für die Schule. Die Schule war eigentlich früher eine Kaserne, die man zur Schule umgeformt hatte. In den Klassen waren Mädchen und Burschen gemischt und es waren meistens 20 bis 30 Kinder in einer Klasse.

Es hat uns sehr viel Freude gemacht im Heim zu sein und mit Georg zu reden. Der ganze Tag war sehr informativ.

Patricia Strasser, 14 Jahre, im Gespräch (gemeinsam mit Donalyn Medrano) mit Georg H., über siebzig Jahre

Hermine Bazala wurde 1920 geboren und ist in Wien Nussdorf mit ihren zwei Schwestern aufgewachsen. Später zog sie mit ihrem Sohn und ihrem Mann auf den Ölberg, wo sie ein kleines Häuschen hatten. Sie war 25 Jahre alt, als der zweite Weltkrieg zu Ende war. Damals hat sie alles verloren. Die Russen hätten ihre Mutter fast getötet und es gab nur wenig zu essen. Eine Bombe schlug neben ihrem Haus ein. Alles war zerstört, sie mussten auf einen Bauernhof ziehen. Ihre zwei Schwestern und sie haben den Bauern bei der Arbeit geholfen und dafür bekamen sie Fleisch und Butter. Nur deshalb konnten sie überleben. Frau Bazala erzählte auch, dass sie für ihre ganze Familie Gewand nähte und sie versorgte. Nur wenige Jahre später starb ihr Vater an den Folgen des Rauchens.
Früher musste man in der Jugend schon arbeiten und nur wenige Kinder durften die Schule besuchen. Wenn man damals nicht im Haushalt geholfen hat, bekam man auch nichts zu essen. Es gab auch noch keine modernen Haushalts- oder Küchengeräte. In der heutigen Jugend ist alles anders. Es gibt nur wenige Kinder die arbeiten müssen oder nicht auf die Schule dürfen. Es gibt auch moderne Geräte, die im Haushalt dienen,

*„Georg hat einen Bruder und drei Kinder, seine Frau ist verstorben. Zu seinen Kindern und zu seinem Bruder hat er jetzt keinen Kontakt mehr. Auch hat er niemanden, der ihn besuchen kommt.
Das hat Patricia und mich ein bisschen traurig gemacht."*

Donalyn Medrano

wie zum Beispiel die Waschmaschine.
Der Besuch im Altersheim hat uns besonders gezeigt, dass das Leben damals sehr schwer war und dass wir heute ein viel unbeschwerteres Leben führen, als die Menschen damals.

Anyi Jarquine und Denise Hohensinner, beide 14 Jahre, im Gespräch mit Frau Hermine Bazala

Schulbücher musste man früher selbst bezahlen. Ein Atlas kostete 50,- Schilling. Der Unterricht begann schon um 7.30 Uhr. Es gab keine Fernseher oder Computer. Manche Leute hatten Radios. Menschen mussten Lebensmittel tauschen und sich während der Kriegszeit im Keller verstecken.

Weitere Statements zur damaligen Zeit

Ich denke, die Jugend von heute könnte gar nicht in den damaligen Bedingungen aufwachsen und mit 18 Jahren in den Krieg ziehen, wie Herr Preisegger. Damals gab es auch ganz andere Nahrung als heute.

Florian Matejka und Roman Randus, 13 Jahre
Damals waren in einer Klasse alle Schulstufen zusammen und circa 30 SchülerInnen in einer Klasse. In den Schulen wurde nur Deutsch gelernt.
Kornelia und Kristina, 14 Jahre

Es gibt sehr viele Unterschiede zwischen der Jugend heute und damals. Die Kinder mussten früher ihre Schulbücher selbst bezahlen. Wenn Kinder nicht reinrassig waren, sind sie von der Schule suspendiert worden. Zum Duschen gab es nur einen Waschtrog. Der Unterricht begann schon um 7.30 Uhr. Ein Atlas kostete 50,- Schilling und war sehr umfangreich und es gab keine Fernseher oder Computer. Manche Leute hatten Radios. Menschen mussten Lebensmittel tauschen, sich während der Kriegszeit im Keller verstecken oder sich selbst Frisuren schneiden, doch die meisten Mädchen hatten lange Zöpfe. Man musste die Windeln der Kinder selbst waschen. Heute ist das alles nicht mehr so.
Sarah Niedl, 14 Jahre

Früher hatte die Jugend mehr Respekt gegenüber Erwachsenen (Eltern), doch jetzt ist es anders: Heute gibt es nur so kleine Strafen oder man schimpft, früher wurde man manchmal in verschiedenen Haushalten geschlagen. Das soll jetzt nicht heißen, dass das besser war.
Christine und Lea, 14 Jahre

Der Unterschied von der damaligen Jugend zur heutigen ist, dass damals die Jugend immer etwas arbeiten musste. Damals war man sehr froh, wenn man zum Beispiel in ein Gymnasium gehen durfte, anstatt der Familie im Familiengeschäft zu helfen. Heute ist niemand mehr gezwungen in seiner Jugend zu arbeiten.
Philipp Bernwieser und Philipp Möser, 14 Jahre

„Es ist eine gute Idee, mit den Kindern. Sie sind erstaunlich neugierig. Ich mache überall gerne mit, dann weiß ich, dass ich noch lebe. Die Jungen können von den Alten noch etwas lernen – auch Unsinn. Bei uns war alles viel strenger.
Der Nationalsozialismus, dieser Größenwahn, die Kinder haben das nicht verstanden."

Josef Obermayer

„Ich bin ziemlich alleine aufgewachsen und es macht mir immer Spaß, wenn Kinder und Schüler im Haus sind.
Wir sind früher freier aufgewachsen aber mit vielen Verboten gedrückt worden. Heute sind die Erwachsenen aufgeschlossener und gehen mehr auf die Jugend ein. Eltern sind heute nicht mehr so strenge Respektpersonen, sondern Kameraden und Freunde.
Kinder sind die Zukunft!"

Käthe Hinker

EIN SCHATZ VON JUNG FÜR ALT

Die SchülerInnen der Schule für Gesundheits- und Krankenpflege Tulln mit ihrer Lehrerin Ilse Jurkovicts begaben sich gemeinsam mit BewohnerInnen des Tullner Rosenheimes auf Spurensuche in der Stadt Tulln. Bei einem gemeinsamen Ausflug erforschten sie die Tullner Innenstadt. Besonderes Augenmerk wurde auf die Veränderungen in der Gemeinde gelegt.

Sie besichtigten den neu gestalteten Tullner Hauptplatz, das neue Einkaufszentrum Rosenarcade und auch die alte Minoritenkirche. Das Generationenprojekt wurde vom Geschichtsspezialisten Manfred Schobert unterstützt, der den SchülerInnen und SeniorInnen Bilder vom „alten" Tulln zur Verfügung stellte.

Die alten Fotos weckten viele Erinnerungen der SeniorInnen. Denn der Großteil der BewohnerInnen des Rosenheims ist in Tulln aufgewachsen. Der Vergleich Tulln einst und Tulln heute wurde für Jung und Alt ein spannendes Erlebnis und für beide Seiten bereichernd.

Bei weiteren gemütlichen Zusammentreffen unterhielten sich Jung und Alt über die großen Veränderungen, die die vielen Jahre mit sich gebracht hatten und kamen einander immer näher. Nach Ende des Projektes wurden die Ergebnisse der Öffentlichkeit präsentiert. Als Dankeschön für die gemeinsam erlebte Zeit überreichten die SchülerInnen den BewohnerInnen individuell und liebevoll gestaltete „Erinnerungsbüchlein" mit Fotos und persönlichen Worten. Das Strahlen der SeniorInnen war nicht zu übersehen. Bis heute werden die Büchlein von den BewohnerInnen wie ein Schatz gehütet und immer wieder gerne zur Hand genommen.

Auf eine gemeinsame Reise durch die Zeit begaben sich die BewohnerInnen des Rosenheimes Tulln und die SchülerInnen der Schule für Gesundheits- und Krankenpflege Tulln.

Titel des Projektes
Ein Schatz von Jung für Alt
ProjektpartnerInnen
NÖ Landespflegeheim Tulln – Rosenheim
Gesundheits- und Krankenpflegeschule Tulln
Geschichtsspezialist der Stadt Tulln
Inhalt
Erinnerungsarbeit der SchülerInnen gemeinsam mit den HeimbewohnerInnen und intergenerationelle Zeitreise durch die Stadt Tulln. Was hat sich im letzten Jahrhundert verändert?

Hallo liebe LeserInnen!

Wir sind alte Menschen, die im Tullner Rosenheim wohnen. Dieses Jahr haben wir etwas sehr Schönes erlebt, etwas, das uns immer in Erinnerung bleiben wird. Seht Ihr die Bücher in der Schatzkiste? Für uns sind sie wirklich ein kleiner Schatz. Da steht nämlich alles drin – genau so, wie es passiert ist! Aber lasst uns die Geschichte von Anfang an erzählen....

Eine Klasse der Tullner Krankenpflegeschule kam ins Rosenheim auf Besuch. Sie wollten mit uns einen Ausflug in die Innenstadt von Tulln machen. Seniorenbetreuerin Hermi hat uns allen zwei SchülerInnen zugeteilt, die mit uns die Ausfahrt machen sollten. Wir verstanden uns von Anfang an ausgezeichnet mit den jungen Menschen. Sie schoben abwechselnd unsere Rollstühle und wir unterhielten uns über alte Zeiten und wie Tulln früher ausgesehen hat.

Am neu gestalteten Hauptplatz angekommen, waren wir erstaunt, wie sehr sich die Innenstadt verändert hat. Es waren viel weniger Autos als früher da. Philipp erzählte uns, dass sie jetzt alle unter dem Hauptplatz in einer Garage geparkt sind. Sieht das nicht gleich viel freundlicher aus?

Einige Gebäude erkannten wir von früher. Sie hatten sich nicht so sehr verändert. Wir wussten noch, wo wir damals immer einkaufen gegangen sind. Heute ist der Hauptplatz sehr schön bepflanzt und es gibt ein großes Einkaufszentrum.

Weiter ging es zur Trafik Hausl. Die Trafik gehört zu den wenigen Unternehmen, die wir noch von früher kennen.

Auf eine gemeinsame Reise durch die Zeit begaben sich die BewohnerInnen des Rosenheimes Tulln und die SchülerInnen der Schule für Gesundheits- und Krankenpflege Tulln

Dann führte uns unser Spaziergang zur Minoritenkirche. Sie hat sich kaum verändert, vielleicht ist sie sogar etwas schöner geworden?

100 Jahren Geschichte veränderten das Leben der Menschen sehr. Wo einst Pferdefuhrwerke verkehrten fahren heute Autos.

Nach dieser Gasse haben wir lange gesucht und sie schließlich doch noch gefunden!
Das Haustor sieht noch gleich aus wie früher, aber wo ist die Kutsche?

Die SchülerInnen schenkten den BewohnerInnen ein kleines Buch als bleibende Erinnerung an die gemeinsame Reise durch die Zeit.

Bald nach unserem gemeinsamen Ausflug kamen die SchülerInnen wieder auf Besuch. Wir plauderten noch viel über die Vergangenheit. Schaut mal hier, in unseren Büchern, da kann man das alles nachlesen.

Dann gab es noch ein richtiges Fest. Die Schüler zeigten uns auf einer Leinwand Fotos von unserem Ausflug in die Stadt und von unseren gemeinsamen Stunden.
Und als Überraschungsgeschenk bekamen wir einen „Schatz": Ein selbstgestaltetes Buch!

So, jetzt haben wir Euch unsere Geschichte erzählt. Wenn Ihr alles noch genauer wissen wollt, dann kommt uns doch einfach besuchen. Dann holen wir unseren „Schatz" aus dem Nachtkästchen und wir lesen gemeinsam nach....
..... wie das damals so war, als die jungen Menschen zu uns gekommen sind....

VON 0-100 IST JEDER WILLKOMMEN

BesucherInnen sind im Hause Frohsinn immer herzlich willkommen. Besonders Kinder und Jugendliche sind gern gesehene Gäste und zaubern den BewohnerInnen immer wieder ein Lächeln ins Gesicht.

Sowohl vonseiten einiger Schulen in Zwettl als auch des Landespflegeheimes Zwettl besteht großes Interesse einander kennen zu lernen, miteinander zu arbeiten und eine gute Basis für das Miteinander aufzubauen. So finden seit Jahren zahlreiche Aktivitäten und Projekte zwischen Jung und Alt statt. Die Bandbreite reicht von gemeinsamem Kochen und Backen, über kreatives Gestalten, Spaziergänge, musikalische Darbietungen bis hin zu gemeinsamen Festen und Feiern.

Schwerpunkt unserer Zusammenarbeit ist die Freude am Miteinander. Für die BewohnerInnen ist es eine angenehme Abwechslung und ein frischer Wind, wenn die SchülerInnen für ein paar Stunden ins Heim kommen und Zeit mit ihnen verbringen. Auch für die SchülerInnen ist diese Zeit eine besondere. Sie legen ihre Scheu im Umgang mit älteren Menschen ab, gewinnen Sicherheit in der Zusammenarbeit und sie können ihre Talente und Vorlieben ganz in die Arbeit mit den HeimbewohnerInnen einbringen.

Gegen Ende des Schuljahres wollten wir es diesmal genau wissen. Wie erleben SchülerInnen und BewohnerInnen die Zusammenarbeit?

Nach einem Jahr der Zusammenarbeit befragte das Landespflegeheim Zwettl SchülerInnen nach ihren Erfahrungen, die sie in dieser Zeit gemacht haben.

Rückmeldungen von SchülerInnen

Wie hast du die (erste) Zusammenarbeit mit den HeimbewohnerInnen erlebt?

„Es war ein schönes Gefühl den Bewohnern Freude zu bereiten." (Philipp)

„Ich habe die Zusammenarbeit sehr interessant gefunden. Die meisten HeimbewohnerInnen waren sehr motiviert und haben sich über den Besuch von jungen Menschen gefreut." (Britta)

„Ich fand es schön, weil die Älteren total aufgeschlossen und nett waren, sie haben sich gefreut.

Titel des Projektes
Von 0-100 ist jeder willkommen
ProjektpartnerInnen
*NÖ Landespflegeheim Zwettl –
Haus Frohsinn
Fachschule für landwirtschaftliche
Berufe Zwettl
Polytechnische Schule Zwettl
Gymnasium Zwettl
Musik- & Kreativhauptschule Zwettl
Höhere Lehranstalt für wirtschaftliche
Berufe*
Inhalt
Feedback der SchülerInnen zur Zusammenarbeit und zu den Besuchen im Landespflegeheim Zwettl.

Ich habe mit einer der Heimbewohnerinnen gebastelt, es hat mir gefallen und war eine schöne Erfahrung für mich." (Claudia)

„Die Heimbewohnerin, mit der ich zusammengearbeitet habe, war sehr gesprächig. Sie hat sich auch darüber gefreut, was wir alles gebastelt haben." (Verena)

Hat sich deine Einstellung zu Pflegeheimen und älteren Menschen seit dem Besuch geändert?

„Wir denken, dass es den Menschen dort sehr gut geht, da sie alles haben was sie brauchen, also ist unsere Einstellung positiv beeinflusst worden." (Lukas und Tobias)

„Ja, denn bis dahin habe ich so manche alte Menschen eher als grantig und lebensverdrossen erlebt, aber als ich im Pflegeheim war, habe ich meine Einstellung über Bord geworfen, weil die Menschen von Grund auf anders waren, als jene, die ich bereits kannte." (Claudia)

„Nein eigentlich nicht, weil wir waren immer offen und positiv gegenüber dem Pflegeheim eingestellt." (Andrea)

„Nein, ich bin noch immer der Meinung, dass es für manche ältere Menschen mehr Vorteile hat im Heim zu wohnen anstatt zuhause. Und man sollte sie nicht anders behandeln, nur weil sie älter sind." (Viktoria)

Ist dir etwas Besonderes aufgefallen als du im Heim warst? Gab es etwas für dich, das besonders war?

„Ja! Für mich waren die Menschen das Besondere, ich habe es schön gefunden, dass sie so gut mitgearbeitet haben." (Britta)

„Die BewohnerInnen hatten sehr viel Freude am Keksebacken mit uns. Es ist toll ihnen Freude zu bereiten." (Anna)

„Man hat gesehen, dass die sich dort wohl fühlen. Und sie haben sich über unseren Besuch gefreut." (Corinna und Melanie)

„Für mich war es besonders, dass die älteren Menschen sehr dankbar waren. Die Menschen hatten ein Leuchten in den Augen als wir ins Pflegeheim kamen." (Sabrina)

„Ich habe bemerkt, dass man schon mit kleinen Tätigkeiten den älteren Menschen ein Lächeln ins Gesicht zaubert." (Verena)

Konntest du einen Nutzen aus dem Treffen/dem gemeinsamen Werken und Schaffen ziehen?

„Ja, ich habe gesehen wie die Gemeinschaft im Pflegeheim ist und wie die Leute miteinander umgehen und sie sich schon über Kleinigkeiten und Zuwendung freuen." (Viktoria)

„Es war eine neue Erfahrung, wir haben eine neue Sicht vom Pflegeheim bekommen." (Denise und Yvonne)

„Ja. Es war für mich das erste Mal, dass ich mit fremden älteren Menschen etwas gemacht habe, und ich konnte den Entschluss daraus ziehen, dass ich mir gut vorstellen könnte in einem Pflegeheim zu arbeiten." (Britta)

Eigene Anmerkungen der SchülerInnen:

„Wenn ich älter bin und nicht mehr zuhause leben kann, wäre ich froh, wenn ich in ein Pflegeheim käme." (Verena)

„Es hat uns Spaß gemacht mit älteren Menschen zu arbeiten und einen Einblick in ihr Leben im Heim zu gewinnen." (Anna)

„Es hat uns sehr viel Spaß und Freude bereitet. Wir haben sehr viel dabei gelernt und wir würden sofort wieder kommen." (Jakob und Elias)

„Es war uns eine Freude. Wenn wir alt sind, kommen wir auch mal ins Pflegeheim." (Corinna und Melanie)

Das gemeinsame Backen macht Freude und die Generationen lernen voneinander.

DURCHS REDN KUMMAN D'LEIT ZAUM

Je länger der Mensch Kind bleibt, umso älter wird er.

Novalis

In unserer täglichen Arbeit erfahren wir es immer wieder aufs Neue: Unsere BewohnerInnen blühen in der Begegnung mit Kindern auf. Die Unbefangenheit, Neugierde und Unbekümmertheit der Kinder zaubern den alten Menschen jedes Mal ein Lächeln ins Gesicht. Da war für uns im Stephansheim Horn klar, wir wollen die Kindergartenkinder der Scholzstraße für uns gewinnen! Gemeinsam Eis essen und Striezel backen, den Kindern beim fröhlichen Spielen zusehen, einfach mit ihnen Zeit verbringen – das war unser Ziel. Das Leben schreibt Geschichten, diese Geschichte ist unsere Geschichte.

„Jedes Wort genau von den Englein und so weiter, gesungen von den Kindern froh und heiter, wie kann es schöner sein, in deren Wunderwelt entführt zu sein" reimte Karl R., 86 Jahre, strahlend vor sich hin.
Und Patricia G, 5 Jahre, fragte staunend „Freuen sich die Leute so, weil sie bei uns sind?"

Beim gemeinsamen Striezelbacken kommen sich die BewohnerInnen und die Kinder näher, fröhliche Gespräche entstehen und schon nach kurzer Zeit wird miteinander ein „Germteig-Kunstwerk" geformt.

Frau H., eine rüstige, nicht auf den Mund gefallene Dame unseres Hauses, nimmt bei Tisch Platz. In einem bestimmenden Ton fragt sie uns: „Sogts amoi, wer hot denn in Bernhard weg gstöht? Den hob i zerscht nebn mir ogstöht ghobt, den brauch i jo, waun i wieda aufsteh wü!"
Zur Erklärung: „Bernhard" nennt sie ihren Rollator, der ihr im Alltag das Leben leichter macht um von A nach B zu kommen. Wir erklären ihr, dass in ein paar Minuten die Kindergartenkinder zu Besuch kommen um mit uns Striezel zu backen, wir daher Platz brauchen und „Bernhard" im Weg stehen würde, wir haben ihn daher zur Seite geschoben. Mit einem gekonnten Augenrollen nimmt sie unsere Antwort hin.

Titel des Projektes
Durchs Redn kumman d'Leit zaum
ProjektpartnerInnen
Haus der Barmherzigkeit Stephansheim Horn
NÖ Landeskindergarten Scholzstraße Horn
Inhalt
Gemeinsame Aktivitäten wie spielen, bewegen, backen.

Schließlich – der Moment ist gekommen – stürmen die Kinder in den Raum. Mit großer Freude beobachten wir, wie auch die Augen von Frau H. zu glänzen beginnen und „Bernhard" vergessen zu sein scheint. Wie sich nun herausstellt hat Frau H. ihren Platz durchdacht ausgewählt, linker- und rechterhand hat sie Platz für je ein Kind und überblickt nebenbei sogar den gesamten Tisch um auch das Treiben der anderen Kinder beobachten zu können.

Neben sie setzt sich ein kleiner Junge, schon beim Begrüßen merken wir, dass die beiden harmonieren. Lars ist ebenfalls nicht auf den Mund gefallen und wie wir wissen: Gleich und gleich gesellt sich gern.

Nachdem wir allen Kindern und Bewohnerinnen Teig ausgeteilt haben, macht sich Frau H. voller Elan daran, einen Striezel zu flechten. Neugierig schaut Lars zu ihr hinüber. Frau H. erklärt ihm geduldig wie man beim Flechten vorgeht und hilft ihm liebevoll, seinen Striezel in die richtige Form zu bringen.

Schon bald zieren die wundervollsten Striezel unsere Backbleche und köstlicher Striezelduft aus dem Backrohr erfüllt den Raum. Hmm, wird das köstlich schmecken! Miteinander noch viel besser als allein.

Brauchtum rund um Ostern

Es ist schon eine liebgewordene Tradition: Die 3. Klassen der Volksschule Scheibbs überreichen den BewohnerInnen des Landespflegeheimes zu Ostern selbstgebundene Palmbesen. So ist auch unsere Idee entstanden, der Brauchtumspflege rund um Ostern zwischen Jung und Alt einen besonderen Stellenwert zu geben und ein gemeinsames Projekt zu entwickeln. Beteiligt waren die 2. und 3. Klassen der Volksschule Scheibbs sowie die Firmgruppe im Rahmen ihrer Sozialstunde.

Tradition ist eine Laterne, der Dumme hält sich an ihr fest, dem Klugen leuchtet sie den Weg.

George Bernard Shaw

Musik durfte nicht fehlen und so wurde mit der Firmgruppe mit Gitarrenbegleitung fröhlich gesungen: „Im Frühtau zu Berge", ..

Im Werkunterricht der SchülerInnen der 3. Klasse Volksschule wirkten diesmal auch die HeimbewohnerInnen mit und unterstützten die Kinder beim Palmbesenbinden. Natürlich erhielten auch die bettlägrigen BewohnerInnen Palmbesen. Ihre Freude und ihr Strahlen war nicht zu übersehen und übertrug sich auf ihre jungen BesucherInnen, als die Kinder mit den selbstgebundenen Palmbesen die Zimmer betraten.

Aber woher kommt das Brauchtum „Palmbesenbinden" überhaupt? Das Grün der Palmbesen symbolisiert den beginnenden Frühling und das Erwachen der Natur nach einem langen Winter. Andererseits erinnert die Liturgie am Palmsonntag, in die das Mitbringen der Ölzweige sowie der Palmbesen eingebunden ist, an den Einzug von Jesus in Jerusalem. Wie in der Bibel zu lesen, haben die Juden dem erhofften Messias damals mit Palmzweigen in den Händen zugejubelt. Da bei uns keine Palmen wachsen, treten an Stelle der Palmwedel meist Palmkätzchen. Am Palmsonntag werden in der Palmweihe Palmbuschen, Palmstöcke, auch echte Palmwedel, Ölzweige, Palmkätzchen oder Buchsbaumbüschel, mit Weihwasser gesegnet und in der kirchlichen Prozession als „Zeichen des Lebens und des Sieges" mitgetragen.

Eine Bewohnerin trug den Kindern auch ein Gedicht vor, das sie besonders liebt und das gut zum erwachenden Frühling passt: „Lied der Sonne" von Christian Morgenstern.

Titel des Projektes
Brauchtum rund um Ostern
ProjektpartnerInnen
NÖ Landespflegeheim Scheibbs
Volksschule Scheibbs
Pfarre Scheibbs
Inhalt
Oster-Brauchtum weitergeben und gemeinsam pflegen

Lied der Sonne

Ich bin die Mutter Sonne, und trage
die Erde bei Nacht, die Erde bei Tage.
Ich halte sie fest und strahle sie an,
dass alles auf ihr wachsen kann,
Stein und Blume, Mensch und Tier,
alles empfängt sein Licht von mir.
Tu auf dein Herz wie ein Becherlein,
denn ich will auch scheinen auch dort hinein!
Tu auf dein Herzlein, liebes Kind,
dass wir ein Licht zusammen sind!

Christian Morgenstern
www.christian-morgenstern.de

MUNDART-DIALOG

Seit 1996 besteht zwischen der Volksschule Sooss und dem Jakobusheim eine rege Kooperation mit zahlreichen Projekten und Aktivitäten. Anlässlich des Jahresthemas 2012 „Solidarität zwischen den Generationen" wurden im Jakobusheim in mehreren Einheiten des Gedächtnistrainings alte Mundart und Dialektausdrücke gesammelt. Gleichzeitig haben die Lehrpersonen in der Schule mit den Kindern moderne, zeitgemäße „Jugendwörter" aufgeschrieben.
Als Abschluss dieses Projektes gab es im Jakobusheim eine „Millionenshow" nach dem berühmten Vorbild im Fernsehen. Dabei wurden von den HeimbewohnerInnen Begriffe vorgetragen und die Kinder der Volksschule Sooss mussten diese erkennen beziehungsweise interpretieren. Im Gegenzug wurden die HeimbewohnerInnen nach der Bedeutung von Begriffen aus der „Jugendsprache" befragt. Als professionelle Quizmaster agierten Herr Willi Wallner, Direktor der Volksschule, und Herr Wolfgang Zorn, Heimleiter im Jakobusheim. Auch VertreterInnen der lokalen Presse waren anwesend und veröffentlichten einen sehr ansprechenden Bericht in der Zeitung.
Als Rückmeldung von allen beteiligten Personen, sowohl von den Kindern als auch von den Erwachsenen, kam die Bitte, diese Veranstaltung unbedingt wieder anzubieten. Es hat allen sehr viel Spaß bereitet und war ganz nebenbei auch sehr lehrreich! Ein Bub aus der 3. Klasse schlug vor, beim nächsten Mal Fragen zum Thema „Mathematik" zu stellen. „Da werden wir euch beim Kopfrechnen aber besiegen!", forderte er damit eine Heimbewohnerin heraus.

Alte Dialektausdrücke

- a Gschpusi hobn = eine Liebesbeziehung haben
- Simperl = flacher, geflochtener Brotkorb
- des is a Riapl = das ist ein Mensch ohne Manieren
- iba d Schreamsn = umständlich, quer drüber, schräg
- an Schubgoan = eine Schubkarre
- a Sumper = ein großer, geflochtener Strohkorb
- a Bangat = ein uneheliches Kind
- a Pfrnak = eine große Nase
- a Bissguan = streitsüchtige Frau
- a Fiata = Arbeitsschürze
- dauni = weg, fort
- gschamig = schüchtern
- a Dariwudl = Wirrkopf
- Seicherl = Sieb
- Muaksn = ein weibliches, liebes, ein bissl freches kleines Wesen

Einander kennenlernen heißt lernen, wie fremd man einander ist.
Christian Morgenstern

Jugendsprachliche Begriffe

- checken = überprüfen
- cool = gelassen, lässig
- chillen = sich entspannen, rumhängen, abhängen
- easy = einfach, leicht, unkompliziert
- stylen = sich extravagant herrichten
- Tussie = dümmliche, gut aussehende Frau
- voll krass = in begeisternder Weise gut, schön oder im Gegenteil schlecht, furchtbar
- swag = lässig-coole Ausstrahlung
- oida = Alter – wird auch ohne Zusammenhang fast jedem Satz vor- oder hintangestellt
- nerden = exzessiv Computer spielen
- voll pyro = gigantisch, wahnsinnig, top
- liken = mögen
- googeln = suchen – nicht nur im Internet

Titel des Projektes
Mundart–Dialog

ProjektpartnerInnen
NÖ Landespflegeheim Bad Vöslau – Jakobusheim
Volksschule Sooss

Inhalt
Sammlung alter Mundart- und Dialektausdrücke sowie heutiger Jugendwörter mit abschließender „Millionenshow"

MUNDART-DIALOG DER GENERATIONEN

MUSIK VERBINDET GENERATIONEN

Musik besitzt die Eigenschaft sowohl identitätsfördernd als auch identitätserhaltend wirksam zu werden. Sie ist prädestiniert dafür, als Bindeglied zwischen den Generationen zu fungieren und Verbindungen und Verbindlichkeiten im Sinne einer gelebten Gemeinschaft zwischen Jung und Alt zu schaffen.

Unter dem Titel „Musik verbindet Generationen" fand im Landespflegeheim Waidhofen an der Ybbs – Vogelsangheim ein dreimonatiges Musik-Projekt mit dem Kindergarten statt. Die Musik als Generationen-Verbindendes Element sollte Jung und Alt helfen Scheu voreinander abzulegen, gemeinsame Erfahrungen zu machen und als wertvoll zu erachten, zum Selbstbewusstsein von Jung und Alt beizutragen und gegenseitige Unterstützung und Hilfe als bereichernd zu erleben. Gegenseitige Aufmerksamkeit und gegenseitiger Respekt sollten gefördert und eine sinnvolle Freizeitgestaltung angeboten, Verständnis für die Wünsche und Probleme des Gegenübers entwickelt und die Ressourcen, Kompetenzen und Potentialen der jeweils anderen Generation genutzt werden.

Intergenerationelles Lernen als generationenübergreifende Didaktik unterstützt jüngere und ältere Lernende je nach Lernsetting dabei voneinander, miteinander und/oder übereinander zu lernen. Musik besitzt die Eigenschaft sowohl identitätsfördernd als auch identitätserhaltend wirksam zu werden. Sie ist prädestiniert dafür, als Bindeglied zwischen den Generationen zu fungieren und Verbindungen und Verbindlichkeiten im Sinne einer gelebten Gemeinschaft zwischen Jung und Alt zu schaffen. Die Musik stellt in diesem Kontext den »gemeinsamen Nenner« dar – für die Kinder, deren kulturelle und persönliche Identität sich noch im Werden und Wachsen befindet und für die SeniorInnen des Heimes, für die die Weitergabe ihrer Lieder und damit ihrer Biografie eine ressourcenorientierte Möglichkeit zur Aufarbeitung ihrer Lebensgeschichte bedeutet.

Musik im Vogelsangheim

Zur Vorbereitung des Projektes wurde über den genauen Ablauf informiert. Junge und ältere ProjektteilnehmerInnen wurden ausgesucht, die Eltern der Kinder stimmten mit ihrer Unterschrift der Teilnahme zu. Dann konnte es losgehen. Jung und Alt trafen einander ein bis zwei Mal je Woche für jeweils vier Stunden. Anfangs stand das Kennenlernen im Vordergrund, später das gemeinsame Herstellen von Instrumenten und schließlich das gemeinsame Musizieren.

Titel des Projektes
Musik verbindet Generationen
ProjektpartnerInnen
NÖ Landespflegeheim Waidhofen an der Ybbs – Vogelsangheim
NÖ Landeskindergarten Waidhofen an der Ybbs 1
Inhalt
Jung und Alt bauen miteinander Instrumente und musizieren gemeinsam

Die Musik drückt das aus, was nicht gesagt werden kann und worüber zu schweigen unmöglich ist.

Victor Hugo

Zu Projektbeginn gab es im Vogelsangheim noch keine Musikinstrumente, die BewohnerInnen zeigten sich jedoch interessiert. So entstand die Idee, Musikinstrumente selbst herzustellen und den Kindergarten einzubinden. Die Ergebnisse konnten sich sehen lassen und waren sehr zufriedenstellend – auch was die Zusammenarbeit zwischen den Generationen betraf, das Teamwork war großartig. Die HeimbewohnerInnen sahen sich zum Teil mit Aufgaben konfrontiert, die sie anfangs für sich selbst als undurchführbar angesehen hatten. Unter Anleitung der ProjektbetreuerInnen und Hilfeleistungen der Kindergartenkinder entstanden dann jedoch mit viel Geschick und Eifer ganz wunderbar klingende Instrumente.

Nun konnten die musikalischen Einheiten beginnen. Sie brachten viel Abwechslung, neue Lernerfahrungen und großes Selbstbewusstsein der neuen MusikerInnen mit sich. Und schließlich gelang es miteinander in einem großen Orchester aus SeniorInnen und Kindern einige Lieder zu spielen.

Das Projekt wuchs weit über das bloße Angebot einer musikalischen Aktivität hinaus. Denn in den Zusammenkünften ging es nicht darum, den Kindern eine Plattform zu bieten, in denen sie den SeniorInnen etwas vortragen oder vorführen. Es ging um das gemeinsame Lernen voneinander, den Austausch über das Bindeglied Musik, das Teilen von Emotionen, den Sorgen, den Ängsten, den an die Erinnerung gekoppelten Gefühlen der alten Menschen und der Kinder. Die Musik wurde zur verbindenden Brücke zwischen den Generationen.

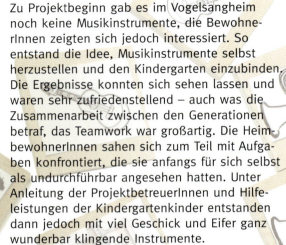
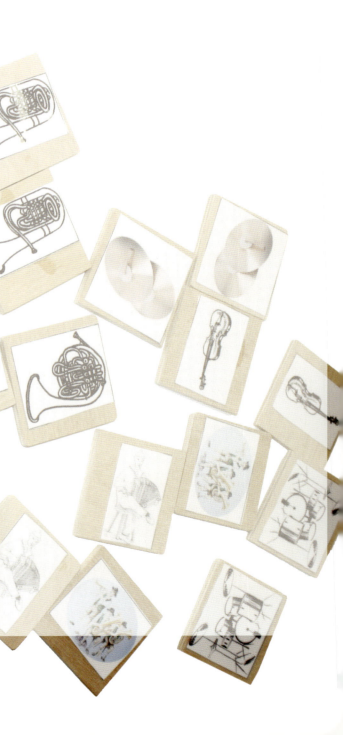

Musiktherapie nutzt die Potentiale der Musik, um Seele und Körper zu berühren und zu beleben. Mit Musik kommt man in Kontakt zu anderen Menschen und in Kontakt mit der eigenen Gefühlswelt.

Für Menschen mit Demenz ist Musik der Königsweg zum Kontakt mit ihrer Umwelt. Musik ist für sie Orientierung, Strukturierung, emotionale Anregung, körperliche Vitalisierung, Biographiearbeit und Vieles mehr.

Das Leben schreibt Geschichten. Dieses Buch schreibt Geschichten über inspirierende Momente zwischen Jung und Alt. Und weil dieses Buch nicht das Ende unserer Geschichten ist, sondern nicht mehr, als ein wundersamer Neubeginn, lade ich dich ein, hier weiterzuschreiben – deine eigene, ganz persönliche, inspirierende Geschichte.

Es sind Begegnungen mit Menschen, die das Leben lebenswert machen.

Guy de Maupassant

Titel des Projektes

....

ProjektpartnerInnen

....

....

Inhalt

....

....

....

....

*Auch der Weiseste
kann unermesslich viel
von Kindern lernen.*

Rudolf Steiner

....

....

....

....

WENN ICH EINST ALT BIN ...

Wenn ich einst alt bin
trage ich Mohnrot
weil ich das Brennen nicht missen möchte
in meinen Gliedern
in meinem Herz

Einen grossen Hut
der weit auslädt
und das Gesicht anmutig verschattet

Ich werde stolz sein
wenn die Leute hinter mir tuscheln:
Da geht die verrückte Alte mit ihrem Hut

Vieles
werde ich nicht mehr machen
Zuhören zum Beispiel
wenn ich nicht mag
oder bleiben wenn es mich langweilt
nicht mehr fächeln
mit höflichen Floskeln
sondern sagen wie es mir ist

Vieles aber
will ich noch tun
Rutschbahn fahren mit meinem Enkel
rumpurzeln im Heu
und lachen dazu
Leute ansprechen
im Tram auf der Strasse
die mir gefallen und fragen
wie geht's?

Zeit mir nehmen für einen Schwatz
im Blumenladen die Ansicht
der Gärtnerin kennen lernen
über Jahreszeiten und Sträusse

Reisen
ein Weingut suchen im Herz der Toskana
weil mir das Etikett auf der Flasche gefiel
An die Nordsee fahren
weil ich Sehnsucht habe
nach grauen Stränden und frischem Wind

Was mir so einfällt
ein Nachtspaziergang
Düften folgen
und fliegen lassen Bänder im Wind

Unbekümmert und barfuss
lauf ich ins Grab

© Elisabeth Schlumpf, *Wenn ich einst alt bin, trage ich Mohnrot*, Kösel-Verlag in der Verlagsgruppe Random House, München 2003

Der Test eines Menschen besteht darin, wie er sich gegenüber den Alten verhält. Es ist einfach, Kinder zu lieben. Selbst Tyrannen und Diktatoren schmücken sich mit